COMUNICACIÓN Y SALUD

COMUNICACIÓN Y SALUD

Las relaciones entre médicos y pacientes en la Modernidad Tardía

Mónica Petracci, Patricia K. N. Schwarz
y Paula Gabriela Rodríguez Zoya

teseo

Comunicación y Salud: las relaciones entre médicos y pacientes en la Modernidad Tardía / Mónica Petracci; Patricia K.N. Schwarz; Paula Gabriela Rodríguez Zoya. -1a ed.- Ciudad Autónoma de Buenos Aires: Teseo, 2017. 194 p.; 20 x 13 cm.
ISBN 978-987-723-145-8
1. Salud. 2. Relaciones Médico-Paciente. 3. Comunicación. I. Petracci, Mónica. II. Schwarz, Patricia K.N. III. Rodríguez Zoya, Paula Gabriela.
CDD 302.2

Buenos Aires, Argentina
Editorial Teseo
Hecho el depósito que previene la ley 11.723
Para sugerencias o comentarios acerca del contenido de esta obra, escríbanos a: **info@editorialteseo.com**
www.editorialteseo.com
ISBN: 9789877231458

Compaginado desde TeseoPress (www.teseopress.com)

A todos los que encuentran en la Comunicación y Salud
un interés, un desafío y un horizonte

Índice

Agradecimientos 11

1. Notas para pensar la complejidad del campo de
Comunicación y Salud 13
    Paula Gabriela Rodríguez Zoya

2. Mediaciones posmodernas: la atención online de la
salud 69
    Patricia Karina Natalia Schwarz

3. La relación médico-paciente en la indagación
académica contemporánea 105
    Mónica Petracci, Victoria I. M. Sánchez Antelo,
    Patricia K. N. Schwarz y Ana María Mendes Diz

Haciendo caminos en Comunicación y Salud 183
    Paula Gabriela Rodríguez Zoya, Patricia Karina
    Natalia Schwarz y Mónica Petracci

Las autoras 187

Agradecimientos

A la Secretaría de Ciencia y Técnica (SECyT) de la Universidad de Buenos Aires (UBA) por el apoyo brindado a los proyectos "La salud en la trama comunicacional contemporánea" y "Comunicar Salud: investigación, planificación, y evaluación" a través de las programaciones científicas UBACyT 2011-2014 y 2014-2017 respectivamente.

A Carolina Mera, directora del Instituto de Investigaciones Gino Germani de la Facultad de Ciencias Sociales de la UBA, por su apoyo permanente.

A Milca Cuberli, porque desde la creación del Grupo de Estudios sobre Comunicación y Salud (GECyS) en 2007 compartimos un recorrido de reflexiones y prácticas en el campo comunicacional de la salud.

A las colegas de Brasil, Inesita Soares de Araújo y Janine Cardoso, investigadoras del Instituto de Comunicación e Información Científica y Tecnológica en Salud de la Fundación Oswaldo Cruz (ICICT/FIOCRUZ), por el intercambio permanente y los comentarios a una primera versión del artículo sobre la relación médico-paciente que presenté en el XIII Congreso de la Asociación Latinoamericana de Investigadores de la Comunicación realizado en la Universidad Autónoma Metropolitana, Ciudad de México, del 5 al 7 de octubre de 2016.

A Laura Díaz de Editorial Teseo por su acompañamiento permanente.

Un agradecimiento muy especial a Paula G. Rodríguez Zoya y Patricia K.N. Schwarz por la confianza en la idea inicial, la colaboración para el trabajo en equipo, y la perseverancia apasionada por la escritura y el conocimiento.

Mónica Petracci
Ciudad de Buenos Aires, 14 de julio de 2017

1

Notas para pensar la complejidad del campo de Comunicación y Salud

PAULA GABRIELA RODRÍGUEZ ZOYA

Introducción

El campo de estudios en comunicación y salud suele ser pensado como un territorio en construcción y expansión. Efectivamente, los continuos cambios que acontecen en el orden de la comunicación y de la salud hacen de esta área, un campo de contornos flexibles. Es un espacio de intersecciones, encrucijadas, diálogos y controversias. Mientras antiguos interrogantes del dominio de la comunicación se mantienen aún vigentes, otros se reconfiguran al ser tamizados por las problemáticas de la salud. Además, el dominio de la salud apela a la comunicación como brazo estratégico y le imprime sus propias lógicas y urgencias. A la vez, también emergen nuevas cuestiones que interpelan los enfoques de comunicación y salud de manera conjunta. En este contexto, los factores que agitan las aguas de este territorio epistémico se vinculan, fundamentalmente, con el rol de las Nuevas Tecnologías de Información y Comunicación en el campo de la salud y con los desafíos que siempre implican las problemáticas de salud en escenarios sociales globales, complejos y mutables.

Observamos, entonces, que los estudios de comunicación y salud conforman un campo vasto de problemáticas diversas, abarcando asuntos tales como las estrategias comunicacionales de políticas públicas en salud, la comunicación institucional en/de establecimientos de salud, la comunicación pública ante crisis sanitarias y los procesos comunicacionales implicados en la movilización social por temas de salud. Asimismo, comprende la construcción de noticias sobre temas de salud, el discurso publicitario referente a medicamentos y productos dirigidos a la salud, los discursos gubernamentales de prevención de enfermedades y promoción de hábitos saludables, y la comunicación y divulgación científica de la investigación en salud. Igualmente, son objeto de estudio el carácter comunicacional de la relación médico paciente, el tratamiento de la salud en entornos digitales y el uso de dispositivos informáticos y aplicaciones para el monitoreo y la gestión personal de la salud. Además, el acceso a información vinculada a cuestiones de salud en internet y las implicancias subjetivas e intersubjetivas de la circulación de imágenes y significaciones relativas al cuidado de la salud a través de redes sociales, entre otros, son temas igualmente comprendidos bajo el arco teórico de la comunicación y salud.

Posiblemente en virtud de esta heterogeneidad, los estudios inscriptos en este campo son ocasionalmente caracterizados como un campo de enfoques múltiples y yuxtapuestos, de temáticas disyuntas y teorías dispersas. Incluso, frecuentemente se señala la primacía de la impronta empírica de estos estudios, lo cual parece menguar la profundidad teórica y la densidad epistemológica del campo de comunicación y salud. Sin embargo, por otro lado, se acentúa el creciente impulso e interés que reciben las temáticas y discusiones comprendidas en este campo, así como también su radical vigencia y relevancia social. De igual manera, se destaca el lanzamiento de diversas revistas científicas, eventos e instituciones académicas que cristalizan el interés y la atención en torno a las problemáticas de comunicación y salud, y visibilizan socialmente su relevancia. Por todo esto, en razón de la mixtura de ciertas críticas y reconocimientos, de diversas demandas y expectativas, podemos advertir que al situar la mirada en este dominio nos ubicamos en un campo vivo en estado de ebullición.

Pues bien, a partir de estas consideraciones prelimina-res, este artículo toma como objeto de reflexión al propio campo de comunicación y salud, y desarrolla una mirada no reduccionista para su problematización. La tesis central que sostiene el trabajo afirma que, lejos de reunir un conjunto de estudios dispersos y yuxtapuestos, el dominio teórico-práctico en cuestión constituye un territorio complejo. En este sentido, el artículo asume la complejidad como posi-ción epistémica para pensar la comunicación y salud, y procura trazar una serie de coordenadas que estimulen la reflexión y la producción en esta área. En esta perspectiva, el objetivo del trabajo es construir una grilla de inteligibili-dad para problematizar la complejidad de la comunicación y salud. Mediante este desarrollo se espera realizar una con-tribución a la necesaria, y a veces postergada, producción teórica sistemática en el dominio de saber que nos ocu-pa. Con el propósito de avanzar en la dirección señalada se plantea una doble tesis como clave interpretativa para abordar este territorio epistémico desde la perspectiva de la complejidad.

Por una parte, la primera tesis afirma que tanto los dominios de la comunicación y de la salud como el campo conjunto de comunicación y salud trabajan con matrices epistémicas vinculadas a ciertos aspectos de la perspecti-va de la complejidad, aunque esta no es asumida de modo explícito ni sistemático. De alguna manera, podría decir-se que el de comunicación y salud es un campo complejo, multidimensional, en el que se actúa complejamente. Sin embargo, en diversas ocasiones parece existir una disyun-ción entre los supuestos teóricos sobre los cuales se asien-ta la comunicación y salud –que abrazan la complejidad–, y las modalidades en que se llevan adelante las prácticas mismas, muchas veces orientadas por necesidades analíticas o urgencias prácticas que llevan a fragmentar objetos de estudio y segmentar estrategias de acción ante fenómenos insoslayablemente complejos.

Por otra parte, la segunda tesis postula que la comunicación y la salud son dominios disciplinares complejos en sí mismos; dos grandes engranajes que entran en relación y se articulan conformando un nuevo campo transdisciplinar o sistema complejo que comprende nuevas relaciones y modos de organización. En este sentido, se plantea que el campo de comunicación y salud no es producto de una sumatoria de ambos dominios individuales, sino que constituye una emergencia. Así, entre los dominios de la comunicación y de la salud se da un particular tipo de relación dialógica y recursiva que deviene constitutiva del campo que nos ocupa. El funcionamiento en conjunto de los nodos comunicación y salud conforman un bucle que no solo afecta a la organización de cada uno, sino que genera una novedad que requiere estrategias prácticas y analíticas específicas.

A la luz de este planteo, el interrogante rector del trabajo puede ser enunciado a través de la pregunta: ¿por qué pensar el campo de estudios de comunicación y salud desde la perspectiva de la complejidad? En otros términos, ¿de qué modo el enfoque de la complejidad puede contribuir a brindar inteligibilidad al campo de comunicación y salud? Con el fin de dar respuesta a estas cuestiones se busca explicitar las dimensiones centrales de la perspectiva de la complejidad, zanjando ciertas confusiones frecuentes en relación con nociones y principios correspondientes a tal enfoque; y, además, avanzar propiamente en una lectura compleja del campo de la comunicación y salud.

Con este propósito como horizonte, el artículo está organizado en tres secciones. En la primera sección se realiza una introducción a la perspectiva de la complejidad, se caracterizan algunos principios epistémicos de este enfoque y se distinguen diversas vertientes de este paradigma, como el pensamiento complejo, los sistemas complejos y las ciencias de la complejidad. En la segunda sección se aborda el planteo de la primera tesis respecto a que los dominios de la comunicación y la salud trabajan con matrices epistémicas vinculadas a ciertos aspectos de la perspectiva de la complejidad de modo implícito. En la tercera sección del trabajo se fundamenta la segunda de las tesis planteadas, relativa a que la comunicación y salud constituye un campo transdisciplinar emergente a partir de una relación dialógica y recursiva entre los dominios de la comunicación y la salud.

La matriz epistémica de la complejidad y su carácter multiacentuado

En una suerte de diagnóstico preliminar del campo hemos afirmado que los dominios de la comunicación y la salud trabajan con matrices epistémicas afines a la perspectiva de la complejidad, aunque, en términos generales, esta no es asumida de manera explícita o sistemática. A los fines de realizar una lectura cruzada entre el campo de comunicación y la salud y la perspectiva de la complejidad, articulación a la que propende este trabajo, corresponde comenzar por abordar y desambiguar algunas nociones que resultan centrales para acometer nuestra propuesta.

Hablar de matrices epistémicas remite a una manera particular de construcción de conocimiento, esto es, el modo en que concebimos los problemas que nos planteamos, el ángulo desde el cual pensamos y construimos interrogantes, la perspectiva en que consideramos los objetos y los sujetos, y la forma en que diseñamos estrategias posibles de cara a las problemáticas que abordamos. Más ampliamente, una matriz epistémica implica una forma cultural e histórica en que significamos eventos, fenómenos y experiencias, así como también los principios por los que consideramos válidos ciertos conocimientos y prácticas

(Lukomski, 2010; Martínez Miguélez, 2010; Cerrón Rojas, 2014). Recuperar la noción de matriz epistémica es crucial para problematizar las prácticas y los modos de producción de conocimiento en comunicación y salud cuando se trata de advertir y hacer explícita la relación que guardan estas con ciertos principios fundados en la complejidad.

La complejidad es un enfoque que ha ido ganando visibilidad –o, tal vez, deberíamos decir sonoridad– tanto en el ámbito local como en latitudes foráneas del mundo académico, aunque vale notar que su uso se encuentra atravesado por dos énfasis divergentes. Por un lado, la movilización de la perspectiva de la complejidad connota una posición político-epistémica "correcta", en tanto es bien recibido reconocer y manifestar que los escenarios que demandan nuestra investigación e intervención son complejos. Este énfasis evidencia la densidad de factores implicados en las problemáticas que abordamos al tiempo que procura resaltar el esfuerzo que nos damos en su tratamiento, como si la sola evocación del carácter complejo de tales asuntos justificara la relevancia y el modo de su abordaje. Por otro lado, el segundo énfasis aparejado al uso del enfoque de la complejidad remite a cierta "liviandad" teórica en el empleo de una serie de términos asociados a este campo semántico. Así, en ciertos contextos académicos se apela a nociones como "complejidad", "multidimensionalidad", "interdisciplina", "multidisciplina" o "transdisciplina" como herramientas conceptuales sólidas y aceptadas que no requieren mayores precisiones.

Estos dos énfasis divergentes, el de la corrección epistémica y el de la liviandad teórica no son excluyentes, sino que resultan absolutamente complementarios y contribuyen indirectamente a teñir la perspectiva de la complejidad de una cierta laxitud y vaguedad. En este sentido, el empleo acrítico o superficial de la complejidad, más que un efecto de legitimación autosuficiente, genera un efecto de desprestigio. Pues bien, el primer apartado de esta sección problematiza el sentido y el alcance del concepto de complejidad, mientras que en el segundo apartado se distinguen diversas perspectivas teórico-metodológicas del enfoque de la complejidad y las controversias que suscitan.

Aproximación al concepto de complejidad

Complejidad es un término que se dice de muchas maneras. Cargado de ambigüedad e impregnado de sentido común, el concepto complejidad ha estado asociado más a un adjetivo disponible en el habla corriente que a un sustantivo que nombra una herramienta conceptual, una teoría o incluso un método. Así, es ciertamente más frecuente calificar a un asunto como "complejo", que hablar de "la complejidad" como un modo de abordaje o una posición epistémica que se adopta en el tratamiento de aquel asunto. La complejidad como adjetivo pareciera señalar, o bien un punto de partida, un supuesto *a priori* que se afirma en abstracto en tanto el carácter complejo de determinada problemática es algo fuera de discusión; o bien un punto de llegada, una inferencia inductiva a la cual se arriba luego de recolectar evidencias que ponen de manifiesto y confirman conclusivamente el carácter complejo de tal problemática. El proceso que va entre ese punto de partida y el punto de llegada de la enunciación de lo complejo como adjetivo es en donde recae el peso de la complejidad como sustantivo.

En esta dirección, el filósofo Edgar Morin, pionero y exponente del enfoque del pensamiento complejo, señala que la complejidad es una palabra problema y no una palabra solución. "La complejidad no es la clave del mundo, sino un desafío a afrontar; el pensamiento complejo no es aquel que evita o suprime el desafío, sino aquel que ayuda a revelarlo e incluso, tal vez, a superarlo" (Morin 2001: 24). En efecto, se trata de un desafío al pensamiento. Admitir ese reto y embarcarse a desentrañarlo implica asumir la complejidad como sustantivo. No basta con que esta sea movilizada para adjetivar un objeto o problema; ella misma debe ser calificada, exhibida, interrogada, descripta, cartografiada y organizada. Ese es el desafío que asumimos aquí cuando nos proponemos pensar el carácter complejo de la relación entre comunicación y salud.

Pues bien, sin dilatar más la pregunta que se impone desde un comienzo, corresponde enunciarla expresamente: ¿qué es la complejidad? Aunque nos esforzáramos por brindar una definición es seguro que esta no cabría en una sola palabra ni podría ser reducida sencillamente a una única idea. En casos como este bien vale recurrir al diccionario y apelar al recurso de la etimología. Consultada la *Real Academia Española*, la entrada "complejidad" es definida como "cualidad de complejo" –nuevamente nos encontramos aquí con la determinación del sustantivo por el adjetivo–; y "complejo" remite a aquello "que se compone de diversos elementos" y al "conjunto o unión de dos o más cosas que constituyen una unidad" (*RAE*, 2017a). Desde el punto de vista etimológico, la palabra complejidad es de origen latino y procede de la raíz *plexus* ("conexión", "entrelazamiento", "apretón", "enredo") y del verbo *plectere* ("plegar", "trenzar", "enlazar"), mientras que el agregado del prefijo *com–* significa "junto" o "cerca". De allí que lo complejo sea "lo que está tejido junto".

El campo semántico de la complejidad hace pensar en una suerte de ovillo o maraña de aspectos difíciles de reconocer puesto que están "entrelazados" o "enredados", lo cual, en principio, la convertiría en una categoría poco productiva en términos teóricos y analíticos. El propio Morin (2001: 21), en su obra *Introducción al pensamiento complejo*, advierte que "la palabra complejidad no tiene tras de sí una herencia noble, ya sea filosófica, científica o epistemológica. Por el contrario, sufre una pesada tara semántica, porque lleva en su seno confusión, incertidumbre y desorden". Siguiendo la metáfora textil que entraña su definición etimológica, la complejidad está más asociada a un telar que a un ovillo. Un ovillo está conformado por una sola hebra enroscada sobre sí misma que es posible devanar y enrollar en un carretel. En cambio, el telar pone en juego múltiples hebras de diversos colores que se entrelazan en distintas direcciones conformando una trama compleja como nueva unidad.

Para continuar con este ejercicio de desambiguación corresponde distinguir la relación entre lo complejo, lo complicado y lo simple. Por una parte, si la complejidad es entendida como un desafío al pensamiento e implica un trabajo y hasta un método de pensamiento, cabe reconocer su falso sinónimo en la palabra "complicación", en tanto lo complicado es aquello enmarañado, intrincado, enrevesado, confuso, de difícil comprensión (*RAE*, 2017b). La complejidad no obtura el entendimiento, sino que por el contrario conlleva la problematización de lo aparentemente complicado para organizarlo y comprenderlo a través de un nuevo orden. Por otra parte, así como lo complicado es el falso sinónimo de lo complejo, lo simple es el antónimo de ambos. Lo simple se opone a lo complicado al ser definido como "sencillo, sin complicaciones ni dificultades"; y también se contrapone a lo complejo por designar aquello que está "constituido por un solo elemento, no compuesto" (*RAE*, 2017c). En tal sentido, Jean-Louis Le Moigne observa con perspicacia que lo contrario al término complejidad (*complexsus*) no es "lo simple" sino *implexsus*: "lo que no puede ser descompuesto" (Le Moigne 1990: 24). A continuación se problematiza la relación entre complejidad y simplificación no ya en torno a sus definiciones sino en perspectiva epistemológica.

Pensamiento complejo, sistemas complejos y ciencias de la complejidad: perspectivas y controversias

El pensamiento complejo puede ser concebido como una matriz epistémica de carácter antagónico al pensamiento simplificador. Mientras que el pensamiento complejo es un pensamiento multidimensional y religador que articula lo que está separado a la vez que distingue lo que está unido; el pensamiento simplificador unidimensionaliza lo multidimensional, fragmenta y separa para conocer, descompone lo que está unido pero no recompone. La complejidad es un modo de pensamiento que aspira al conocimiento multidimensional, no parcelado, no dividido, no reduccionista, que articula las partes al todo y el todo a las partes; un pensamiento que reconoce la incertidumbre y las contradicciones internas, así como el carácter inacabado e incompleto de todo conocimiento (Morin 1982, 1999, 2001). Contrariamente, la simplificación es un modo de pensamiento reduccionista y disgregador que trabaja con las partes aisladas desintegradas del todo; o bien unifica anulando la diversidad, o bien yuxtapone la diversidad sin poder pensar su unidad. Así, el pensamiento simplificador constituye una matriz epistémica que

> [...] disuelve las contradicciones por medio de una racionalidad monológica que no puede pensar conjuntamente ideas opuestas, [de modo que] conduce a un modo mutilante de organización del conocimiento, incapaz de reconocer la unidad de lo múltiple y la multiplicidad de lo uno para tratar la complejidad (Rodríguez, Roggero y Rodríguez, 2015: 200).

Los contrapuntos entre distintos términos que se oponen y relacionan con la complejidad, hasta aquí reseñados, contribuyen a desambiguar esta palabra. Además, a los fines de este propósito corresponde advertir que el propio concepto de complejidad admite diversas formas de ser comprendido. En este sentido, afirmamos –tal como lo planteamos desde el título de la sección– que la complejidad es un signo multiacentuado. La multiacentuación de un signo se refiere a los procesos de disputas, negociaciones y luchas en torno al sentido, en virtud de las cuales se intersectan diversos acentos valorativos, y distintas posiciones pugnan por estabilizar la propia significación (Hall, 2011; Voloshinov, 1973). El campo de estudios de la complejidad puede ser pensado como un terreno de disensos, disputas y tensiones en el que distintos enfoques confrontan por acentuar las propiedades y los alcances de la complejidad y deslegitimar otras posiciones. En razón de los desacuerdos y las controversias que se generan en torno a distintos aspectos de la complejidad es posible sostener que este campo de estudios conforma un espacio controversial (Rodríguez Zoya y Rodríguez Zoya, 2014).

Siguiendo el trabajo de sistematización y problematización de la complejidad que desarrolla el investigador Leonardo Rodríguez Zoya, las controversias suscitadas en este campo giran en torno a diversas cuestiones, como la disputa por el sentido y el alcance de la complejidad, la caracterización de aspectos epistemológicos y metodológicos de la complejidad, y la polémica respecto del rol de los valores sociales, éticos y políticos en la investigación de sistemas complejos (Rodríguez Zoya, L., 2011, 2017; Rodríguez Zoya y Aguirre, 2011; Rodríguez Zoya y Rodríguez Zoya, 2014). La cuestión del sentido del concepto y el alcance del enfoque de la complejidad es una de las controversias centrales que estructura los debates filosóficos y científicos de este campo, por lo menos en la última década. Esta disputa funciona como un principio de demarcación a partir del cual el campo de la complejidad puede ser organizado en dos grandes posiciones: el pensamiento complejo y las ciencias de la complejidad.

Diversos autores han abonado este antagonismo a partir del uso de categorías dicotómicas para caracterizar estos enfoques. Así, por ejemplo se refiere a la complejidad como método y la complejidad como ciencia (Maldonado, 1999, 2007); o se contrapone a las "teorías discursivas de la complejidad" frente a los "algoritmos complejos" (Reynoso, 2006), y se habla también de la complejidad en términos de "metáforas" elaboradas en lenguaje natural o de "modelos" formales construidos con lenguaje matemático o computacional (Reynoso, 2009). Esta dicotomización de los enfoques de la complejidad marca una acentuación despectiva hacia el pensamiento complejo en favor de las ciencias de la complejidad, lo que encierra un dualismo teórico-empírico y, en el fondo, una disputa medular por la legitimidad científica de la complejidad.

En el núcleo de esta disputa, el propio Edgar Morin plantea una distinción entre dos visiones de la complejidad que propone llamar "complejidad generalizada" y "complejidad restringida", en referencia a su concepción del pensamiento complejo y a las ciencias de la complejidad, respectivamente (Morin, 2007). Sin pretender desarrollar exhaustivamente cada una de estas posiciones, cabe destacar alguno de sus postulados y componentes principales.

La perspectiva de la complejidad generalizada, cristalizada en la propuesta del pensamiento complejo de Edgar Morin, ha sido desarrollada fundamentalmente en el mundo franco-latino y se destaca como un enfoque de cariz filosófico, epistemológico y ético-político que asume la complejidad como cosmovisión (Morin, 2001). La propuesta moriniana se despliega en dos grandes dimensiones. Por un lado, comprende una reflexión sistemática sobre la complejidad humana a partir de una teoría de la auto-eco-organización que integra el nivel físico, biológico y antropo-social de la organización viviente (Morin, 1973, 1977). Por otro lado, identifica una matriz epistémica o forma de racionalidad dominante, fuertemente asociada al desarrollo de la ciencia moderna en Occidente, que caracteriza como paradigma de simplificación. Ante esto, su propuesta epistemológica radica en la construcción de un paradigma de la complejidad como método y modo de pensamiento alternativo a la simplificación, disyunción y reducción. El pensamiento complejo no constituye un método en sentido científico sino que estriba en el ejercicio y la puesta en práctica de un pensamiento autocrítico y reflexivo en el que reviste un rol central e ineludible el sujeto de conocimiento (Morin, 1982, 1995, 2002).

La perspectiva de la complejidad restringida, conformada por las ciencias de la complejidad o ciencias de los sistemas complejos, ha tenido un notable desarrollo en el mundo anglosajón y se caracteriza por un marcado énfasis metodológico y técnico-procedimental. Para este enfoque, el problema de la complejidad se "restringe" al estudio de los comportamientos y las propiedades de los sistemas complejos, adaptativos y no-lineales, para lo cual emplean un conjunto de herramientas metodológicas basadas en lenguajes formales, modelos matemáticos y técnicas de simulación computacional (Axelrod, 1997; Gell-Mann, 1994; Gilbert, 1996). Las ciencias de la complejidad se proclaman como un saber de frontera, de carácter transdisciplinario, dedicadas al estudio de las leyes del comportamiento de sistemas complejos que atañen diversos tipos de problemas físicos, biológicos, ambientales, organizacionales, económicos y sociales (Johnson, 2001). De acuerdo con Morin, este enfoque reduce la complejidad a una dimensión operativa, relega los aspectos que no son cuantificables o formalizables de los fenómenos complejos y omite su reflexión epistemológica (Morin, 2007).

Al considerarlas conjuntamente podemos advertir que el pensamiento complejo y las ciencias de la complejidad son dos perspectivas con escasos puntos de contacto que, además, se excluyen mutuamente. Mientras que la complejidad generalizada presenta una hipertrofia filosófica, la complejidad restringida exhibe una hipertrofia práctica (Rodríguez Zoya y Aguirre, 2011). Ahora bien, en una zona media entre ambos es posible ubicar un tercer enfoque que asume una posición crítica respecto de la propuesta de Morin y de las ciencias de la complejidad, pero que, a la vez, reconoce y recupera aspectos destacables de cada una. En esta perspectiva se ubica la teoría de los sistemas complejos desarrollada por Rolando García, cuyo planteo puede ser sintetizado en tres grandes lineamientos: el desarrollo de un marco teórico-conceptual para el estudio de sistemas complejos, la proposición de una metodología de investigación interdisciplinaria para el abordaje de tales sistemas y la fundamentación epistemológica de los enfoques teórico y metodológico propuestos (García, 2000, 2006). La interdisciplinariedad, pilar fundamental de esta propuesta, se sustenta en que los sistemas complejos atañen a un tipo de problemática en la que sus componentes se determinan mutuamente y su estudio requiere la articulación de distintos saberes disciplinares. En este sentido, la elaboración de García constituye una apuesta epistemológica y metodológica para la definición, construcción y estudio interdisciplinario de sistemas complejos.

La complejidad como signo multiacentuado se conforma, pues, como un terreno en el que se libran disputas discursivas y prácticas entre distintos enfoques teórico-metodológicos, como el pensamiento complejo elaborado por Edgar Morin, las ciencias de la complejidad y la teoría de los sistemas complejos propuesta por Rolando García. Más allá de esta categorización tripartita de posiciones interesa advertir que la complejidad puede ser comprendida en distintos niveles.

El nivel ontológico atañe a la comprensión de la complejidad como un atributo de la realidad. La propuesta moriniana se sustenta en una ontología compleja que integra la instancia física, biológica y antropo-social, donde cada una se enraíza en la otra sin poder ser reducida a ella (Morin, 2002). En cambio, para la perspectiva de las ciencias, la complejidad no es un supuesto ontológico propio de los fenómenos, sino que depende de la escala de análisis adoptada (Reynoso, 2006).

El nivel epistemológico de la complejidad concierne a modos complejos de construir y organizar el conocimiento. En la perspectiva de Morin, la epistemología compleja puede ser interpretada como contracara del nivel ontológico puesto que el pensamiento complejo procura un modo de organizar los conocimientos que respete la complejidad de lo real. Para los enfoques de las ciencias y los sistemas complejos también hay un modo complejo de producción del conocimiento en tanto sus objetos de estudio son construidos y analizados mediante metodologías técnico-procedimentales e interdisciplinarias que permiten el abordaje de sistemas complejos.

El nivel metodológico de la complejidad corresponde al despliegue de técnicas, procedimientos o modos empleados en la construcción de conocimiento complejo. Este nivel es más palpable en el caso de las ciencias de la complejidad, de marcado perfil metodológico y técnico, y en la teoría de los sistemas complejos mediante el desarrollo de la metodología de investigación interdisciplinaria. No obstante, una de las apuestas centrales de la obra moriniana es, precisamente, el desarrollo de un método (Morin, 1977, 1998, 2002). El método del pensamiento complejo no constituye un conjunto de reglas codificadas, sino una práctica dialogal entre el sujeto de conocimiento y la complejidad de lo real.

La puesta en práctica del pensamiento complejo y de una cosmovisión que habilite modos complejos de concebir fenómenos y problemáticas de nuestra realidad conlleva implicancias en términos epistémicos, ético-políticos y educativos (Morin, 1982, 2001; Rodríguez Zoya, 2017), en tanto supone una crítica y un desafío a las matrices epistémicas de la simplificación para dar lugar a otras fundadas en el paradigma de la complejidad.

La complejidad de los dominios de la comunicación y la salud (tesis 1)

Habiendo surcado los meandros de la complejidad nos proponemos realizar una lectura del carácter complejo de los dominios de la comunicación y la salud. Tal como lo afirmamos en la doble tesis que sustenta el planteo general del trabajo, observamos que tanto en la comunicación como en la salud –consideradas en este momento cada una como un dominio disciplinar–, es posible rastrear aspectos de una matriz epistémica compleja, aunque esta no es usualmente asumida de modo explícito en los procesos de construcción de conocimiento ni en las prácticas inscriptas en tales dominios.

La presentación de aspectos de la perspectiva de la complejidad aquí movilizados no pretende ser exhaustiva; tampoco se busca importar principios de los enfoques de la complejidad al campo de comunicación y la salud a fin de que estas puedan capitalizarlos de alguna manera. Se trata, más bien, de iluminar –y también estimular– desde el interior de la comunicación y la salud el modo en que algunos aspectos de la matriz epistémica de la complejidad se hallan presentes en estos campos y devienen operativos para impulsar nuevos procesos de construcción de conocimiento y prácticas en comunicación y salud.

De los diversos aspectos que pueden ser escogidos para este propósito ponemos en consideración el principio de unidualidad biológica-cultural, uno de los postulados centrales que calan el campo de la complejidad. La perspectiva del pensamiento complejo de Edgar Morin (1997) propone articular el nivel biológico y el antropo-cultural como dimensiones constitutivas e irreductibles de los seres humanos y los fenómenos de la realidad.

A primera vista, el dominio biológico y el cultural parecen distantes y hasta opuestos. Así ha sido fundamentalmente desde que la ciencia moderna establece la separación del hombre de la naturaleza como condición necesaria para que aquel pueda objetivar, conocer y actuar sobre esta. La vasta obra de Morin puede ser interpretada como una lectura y elaboración crítica a contrapelo de la matriz epistémica moderna; lo que implica, por una parte, la fundamentación de una ontología y una cosmovisión complejas y, por la otra, una revisión de la concepción de ciencia que compartimenta saberes y excluye al sujeto cognoscente del propio proceso de conocimiento. "Desgraciadamente, vivimos aún en una disyunción extrema entre los fenómenos socioculturales y los fenómenos biológicos: la biología y la antropología permanecen todavía ampliamente prisioneras de una concepción demasiado restringida de su objeto" (Morin, 1997: 4). Cuando Morin habla de antropología leemos que se refiere a las ciencias sociales y humanas y, en general, al tratamiento de fenómenos socioculturales.

En su vocación religadora, el pensamiento complejo propugna por el enraizamiento de las dimensiones físico-biológica y antropo-cultural, tanto en la elaboración de una concepción ontológica como de una matriz epistémica. En este sentido, el pensador francés propone la noción de "unidad-múltiple", opuesta a la unidad sin diversidad y a la diversidad sin unidad, para dar cuenta de la multidimensionalidad característica de los aspectos humanos y el mundo fenoménico. "El corazón de la complejidad es la imposibilidad tanto de homogeneizar como de reducir, es la cuestión del *unitas multiplex*" (Morin, 2001: 149). El postulado de la unidualidad biológica-cultural no yuxtapone estos dos términos, sino que conlleva una relación de coproducción entre los mismos. Que todo acto humano sea biocultural implica, entonces que el hombre es, a la vez, un ser "totalmente biológico" y "totalmente cultural" (Morin, 1997).

Con esta idea como trasfondo y siguiendo con el planteo propuesto, nos preguntamos: ¿de qué manera estos postulados se ponen de manifiesto en los dominios teórico-prácticos de la comunicación y la salud? En primer lugar, corresponde observar que la comunicación y la salud, amén de configurar dominios disciplinarios, constituyen dimensiones fundamentales de la vida. Cabe comprenderlas como condiciones generales de la especie humana que se expresan de formas particulares; es decir que remiten a un plano biológico común pero que el modo en que se producen, se manifiestan y son concebidas se halla situado sociocultural e históricamente. En virtud de ello es posible afirmar la unidad múltiple de estas dimensiones y enunciar el principio de la complejidad como *la unidualidad biológica-cultural de la comunicación y la salud.*

La unidualidad biológica-cultural de la comunicación

De la comunicación se podrá decir que es un fenómeno eminentemente social y cultural, sobre todo cuando resaltamos la diferencia fundamental entre comunicación e información, distinción que todavía en determinados contextos y situaciones es preciso detenerse a explicitar. A la comunicación no le cabe una única definición puesto que es pasible de ser concebida desde diversos ángulos. En términos generales podemos decir que la comunicación contempla procesos más amplios que los de transmisión de información; si estos últimos son comprendidos bajo esquemas unidireccionales, la comunicación concierne a procesos dialógicos, participativos e intercambios discursivos de carácter sociocultural (Vizer, 2006; Petracci y Waisbord, 2011). "La comunicación es inseparable de la cultura. Es el otro lado de la misma moneda. No puede existir la una sin la otra. La cultura es comunicación y la comunicación es cultura" (Hall y Hall, 1990: 169). La comunicación es un fenómeno sociocultural por cuanto atañe a procesos de producción y circulación social de sentido.

El camino que va de la lingüística a la semiología (Barthes, 1993; Saussure, 2005), de esta a la semiótica (Peirce, 1986) y arriba a las teorías de los discursos sociales (Angenot, 2010; Verón, 1987) ha mostrado la mutua imbricación de la dimensión significante y la dimensión social. Así queda plasmado en la célebre doble hipótesis planteada por Eliseo Verón respecto de la semiosis social: "toda producción de sentido es necesariamente social [y] todo fenómeno social es, en una de sus dimensiones constitutivas, un proceso de producción de sentido" (Verón, 1987: 125). Lejos de quedar relegadas a un enfoque semiótico o a una técnica de análisis de discursos particulares, la perspectiva discursiva de la comunicación coadyuva a la construcción de una teoría social; y, así también, las teorías de la comunicación se erigen en un vector clave de la construcción epistemológica de las ciencias sociales.

En esta dirección, y asociado al planteo de la semiosis social, también se ubica la comprensión de las significaciones sociales en el doble rol de magma imaginal instituido y, a la vez, instituyente de lo histórico-social (Castoriadis, 2010). Reviste especial interés observar que esta clave interpretativa de la comunicación, en la que la dimensión comunicativa y la dimensión sociocultural se enraízan constitutiva y recíprocamente, resulta congruente con los *principios dialógicos y recursivos* que enarbola el pensamiento complejo. "El principio dialógico nos permite mantener la dualidad en el seno de la unidad", mientras que el principio recursivo remite a un proceso "en el cual los productos y los efectos son, al mismo tiempo, causas y productores de aquello que los produce" (Morin, 2001: 106). De modo que los enunciados del tipo "la comunicación es cultura" o "la cultura es comunicación" no anula ni desdibuja a una en virtud de una definición equivalencial con la otra, sino que señala una relación recursiva y generativa entre ambas.

Este carácter sociocultural remite también a que los procesos de comunicación se sustentan en la pertenencia de los sujetos a un espacio y tiempo en el que comparten códigos lingüísticos, representaciones culturales y prácticas significantes; aquello que usualmente, aunque desde distintas concepciones, entendemos como mundo común de sentido (Bourdieu, 1991; Merleau-Ponty, 1993; Hall 2011b). Si bien se desarrollan en esta dimensión compartida, los flujos comunicacionales no son uniformes ni acabados. Por el contrario, conforman un escenario de efervescencia simbólica, luchas por la apropiación de sentidos y procesos de resignificación; algo sobre lo cual los estudios culturales han hecho abundantes lecturas (Grossberg, 2010; Martín-Barbero, 2010).

Ahora bien, el carácter sociocultural de la dimensión comunicativa está relacionado con un aspecto de cuño biológico que conforma el otro polo de la unidualidad biológica-cultural, principio de la complejidad que estamos tratando. El entramado de significaciones compartidas que sirven de soporte de los procesos comunicativos, y que a la vez estos contribuyen a generar, puede ser pensado en dos planos: el de los sentidos, experiencias y prácticas significantes, de raigambre propiamente sociocultural, y el de las reglas, gramáticas y códigos lingüísticos que corresponden precisamente al lenguaje. La semiología, concebida como la ciencia que estudia "la vida de los signos en el seno de la sociedad" (Saussure, 2005: 43), ha señalado que "el lenguaje comporta dos partes: una tiene por objeto la lengua, que es social [...]; la otra tiene por objeto la parte individual del lenguaje, es decir, el habla, incluida la fonación. Ambas están estrechamente ligadas y se suponen recíprocamente" (*ibid.*: 45-46). Es en relación con la dimensión del habla que proponemos pensar el aspecto biológico de la unidualidad de la comunicación.

La capacidad de habla está doblemente sustentada en el aparato fonador y el cerebro. Este último también interviene en procesos de simbolización, interacción humana y comprensión que resultan consustanciales a la comunicación. El aparato fonador y el cerebro son componentes orgánicos y singulares a cada individuo pero también son comunes y generales a la especie humana. El aspecto biológico que se ilumina claramente a partir de estas observaciones admite, pues, dos acepciones: lo biológico orgánico, de tipo individual, y lo biológico especie, de carácter colectivo. Vale poner en consideración que una genealogía del desarrollo del lenguaje puede trazarse en confluencia con una genealogía de la hominización o proceso de evolución biológica de la especie humana. "Los rasgos propiamente humanos provienen de rasgos primates o mamíferos que se han desarrollado y han llegado a ser permanentes" (Morin, 1997: 5).

La comunicación en general y la capacidad de habla en particular, incluido el desarrollo del aparato fonador, suele retrotraerse a diversas formas de intercambio gestual, gutural y simbólico elaboradas por grupos de homínidos superiores ante la necesidad de coordinar estrategias de caza

(Morin y Palmarini, 1983; Tomasello, 2007). Es decir que el componente biológico individual y colectivo del habla encuentra una base en la dimensión grupal y comunicativa de la interacción humana. Aquí también podemos advertir el funcionamiento del principio dialógico y recursivo de la complejidad, por el que un elemento actúa produciendo otro y este, a su vez, actúa sobre el primero. El entrelazamiento de los componentes biológico y cultural sustenta la comprensión del hombre como ser biocultural. La exploración del modo en que el principio de la unidualidad se despliega en el ámbito de la comunicación nos permite fundamentar su carácter complejo.

La unidualidad biológica-cultural de la salud

Con el propósito de iluminar el modo en que ciertos aspectos de la matriz epistémica de la complejidad se hacen presentes en la comunicación y la salud, continuamos nuestra andadura ocupándonos en este momento del dominio de la salud. Si en el caso de la comunicación el aspecto que aparecía más próximo y directo era la dimensión sociocultural, en cambio, la salud parece en primera instancia un estado o un proceso de raigambre claramente biológica. El principio de la unidualidad biológica-cultural que propone el pensamiento complejo constituye un prisma a través del cual hacer estallar los conceptos cerrados y las asociaciones automáticas, explorar nuevas aristas y encontrar en ello una pauta general de articulación que permita integrarlas más allá de sus contradicciones y heterogeneidad.

El concepto de salud no presenta una definición única y precisa y puede ser comprendido de diversas maneras. La forma en que sea considerada y percibida la salud depende de múltiples factores vinculados a aspectos psicofísicos, socioeconómicos, culturales y educativos; y también a cuestiones como la edad, el sexo, el entorno y los estilos de vida. Por otra parte, la concepción de salud resulta relativa a la escala de referencia, sea clínica-individual o pública-colectiva, y a los contextos espacio-temporales, es decir, al enclave socio-histórico en virtud del cual cambian las representaciones de la salud, así como el saber médico y las condiciones de su desarrollo técnico. En efecto, podemos adscribir a la idea de que "la salud es un concepto complejo y difuso no reductible a una fórmula" (Rodríguez, 2011: 12). La complejidad de la noción de salud no radica en que esta varía al considerar una u otra de las dimensiones mencionadas, sino en que precisamente estas dimensiones se hallan interrelacionadas y son interdefinibles.

En virtud del carácter denso y resbaladizo del concepto, algunos autores plantean que la salud es, o bien una cuestión filosófica que llama a la reflexión, o bien una noción del vocabulario corriente. "Admitamos esto por el momento: salud no es un concepto científico, es un concepto vulgar. Lo que no quiere decir trivial, sino completamente común, al alcance de todos" (Canguilhem, 2004: 52). Al considerar la salud como un término del habla común cabe apelar al recurso del diccionario. Allí encontramos que la salud es definida como un "*estado* en que el *ser orgánico* ejerce normalmente todas sus funciones" y como el "conjunto de las *condiciones físicas* en que se encuentra un *organismo* en un momento determinado" (*RAE*, 2017d, énfasis agregado). Más allá de poder relativizar este tipo de fuente y las acepciones de salud que presenta, interesa notar que la circulación general del concepto exhibe un marcado énfasis en el aspecto físico-biológico y pone de manifiesto un carácter estático de la salud al hablar de "estado" y "condiciones".

La asociación de la salud con la dimensión biológico-orgánica no remite solo al habla corriente, sino que también puede rastrearse en definiciones célebres y especializadas como la atribuida al cirujano francés René Leriche: "La salud es la vida en el silencio de los órganos" (citado en Canguilhem, 2004: 49). La salud es construida como una condición vital atribuida a los órganos y a la misma vida que transcurre en un estado que, por ser asociado al silencio, connota sosiego y calma. Además, que la salud sea concebida a partir del "silencio" significa que no conlleva una forma específica de manifestarse a través de determinados síntomas. Precisamente, los síntomas son signos o índices de cierto desequilibrio, alteración o interrupción de ese estado de salud. Podemos interpretar, entonces, que ante un cierto desajuste de la salud, el organismo rompe ese "silencio" y "se expresa" a través de los síntomas para ser escuchado. De allí podemos derivar que en el habla corriente se usen expresiones como "el cuerpo habla a través de los síntomas" o "hay que saber escuchar al cuerpo". En este sentido, observamos que el lenguaje médico emplea la palabra "auscultar" en referencia a "escuchar" los sonidos normales o patológicos que provienen del funcionamiento de los órganos.

Aquello que genera un ruido y parece irrumpir y alterar el estado apacible y silencioso de la salud es, claro está, la enfermedad. De hecho, en términos generales, la enfermedad es considerada una "alteración más o menos grave de la salud" (*RAE*, 2017e). Más allá de las definiciones especializadas y particulares que reciben los diversos tipos de enfermedades, estas son asociadas a un desequilibrio, desorden o disfunción que trastoca el orden de la salud. Salud y enfermedad son usualmente pensadas como opuestos: la una, contracara de la otra. En este sentido, resulta elocuente que la Organización Mundial de la Salud, al presentar la definición de salud que se mantiene vigente desde 1948, señala expresamente que la salud "no [implica] solamente la ausencia de afecciones o enfermedades" (OMS, 2014). A partir de esta definición se pretende marcar un desplazamiento respecto de la concepción de la salud y la enfermedad como polos antitéticos. Desde el punto de vista del pensamiento complejo cabe apelar al "principio dialógico [que] permite mantener la dualidad en el seno de la unidad, asociando dos términos complementarios y antagonistas" (Morin, 2001: 206). En esta clave interpretativa, la salud y la enfermedad, más que dos entidades que se oponen y excluyen mutuamente, conforman una unidualidad en la que se implican la una a la otra.

La construcción de la salud y la enfermedad como contrarios ha conducido a plantear la dicotomía entre lo normal y lo patológico. El equilibrio que representa la salud es asociado a la idea de normalidad, mientras que el desequilibrio de las funciones orgánicas que acontece en el proceso de una enfermedad es vinculado a lo anormal. Así se ha asentado la idea general de que "la enfermedad difiere del estado de salud, lo patológico de lo normal, como una cualidad difiere de otra" (Canguilhem, 2011: 19). Ante diversas controversias que ha generado esta concepción dicotómica en el campo médico, biológico y filosófico, Georges Canguilhem (2011) fundamenta que la salud y la enfermedad no son estados cualitativamente diferentes, sino dos tipos de "normas" distintas. Desde esta perspectiva, la vida es pensada en términos de una "normatividad biológica", concibiendo "lo normativo [como] aquello que instituye normas" (*ibid*.: 92). Por consiguiente, la salud no se comprende por oposición a la enfermedad, sino por la capacidad de generar una nueva norma en la dinámica biológica de la vida. Tal como interpreta Caponi (1997: 292), "la salud puede ser pensada como la posibilidad de caer enfermo y de poder recuperarse".

A partir de lo expuesto, destacamos que estas consideraciones de la salud en su aspecto biológico pueden ser leídas bajo el prisma del pensamiento complejo de Edgar Morin. Así como anteriormente hemos movilizado el *principio dialógico* para fundamentar una visión crítica de la construcción de la salud y la enfermedad como polos antitéticos, consideramos que la posición fundamentada por Canguilhem entronca con el *principio recursivo*. Según ilustra el propio Morin, la lógica recursiva puede ser comprendida mediante la figura del remolino, en la que "cada momento del remolino es producido y, al mismo tiempo, productor" (Morin, 2001: 106). La salud y la enfermedad no constituyen estados o procesos aislados u opuestos, sino que participan del mismo flujo vital que Canguilhem concibe en términos de "normatividad biológica".

De alguna manera, la enfermedad representa una nueva norma respecto de la salud a partir de la cual se ha generado; pero también la norma de salud resultante comporta una nueva forma en relación con las que le antecedieron. En esta capacidad de instituir normas vitales podemos entender la lógica productiva implicada en el principio recursivo del pensamiento complejo. Asimismo, estos argumentos nos conducen a plantear que la salud y la enfermedad conforman una trama compleja que debe ser inscripta en la lógica de la vida. Distintos enfoques de la complejidad acuerdan que la vida constituye "un problema de complejidad organizada" (Weaver, 1948; Rodríguez Zoya, P., 2011). A partir de la comprensión de la vida como sistema complejo y de la salud y la enfermedad como dimensiones constitutivas de la vida, aquellas son pasibles de ser problematizadas a la luz de los fenómenos de organización-desorganización-reorganización. La salud y la enfermedad se entretejen en la dinámica de la reorganización y el reequilibrio de la vida como sistema complejo.

Otra cuestión que cabe resaltar al asumir la complejidad como grilla de inteligibilidad del dominio de la salud implica virar el plano de la reflexión desde la salud como objeto de saber hacia la medicina como saber que se ocupa de ese objeto. La concepción de la salud y la enfermedad como polos antagónicos encuentra su correlato en la perspectiva somático-fisiológica de la medicina. Esta concibe a la salud como el bienestar del cuerpo y el organismo físico, y a la enfermedad como un proceso que altera la salud. Tal como señalan Kornblit y Mendes Diz (2000: 18), "la concepción somática de la salud ha transcurrido más pendiente de la enfermedad que de la salud durante la mayor parte de la historia". Resulta paradójico que la medicina, en tanto "ciencia de la salud", haya tomado a su cargo el estudio y tratamiento de las enfermedades. Este énfasis puede ser rastreado en la concepción de la medicina como "arte de curar", presente ya en las prácticas médicas de la antigüedad (Rodenas Cerdá, 2014); y también en la "lógica de la cura" que caracteriza a la racionalidad biomédica contemporánea (Camargo Jr., 2005).

Asimismo, la óptica somático-fisiológica de la medicina se enraíza en una matriz epistémica cuyos principios pueden reconocerse en la cosmovisión mecanicista de la Modernidad. El cuerpo concebido como un mecanismo fue objeto de estudio en sus caracteres anatómicos (referentes a la forma y la estructura) y en sus aspectos fisiológicos (relativo a las funciones). Así, se ha consolidado la anatomía y la fisiología como disciplinas específicas del campo médico. En tanto, aquellas cuestiones que se apartan de las formas y funciones del organismo humano consideradas normales han dado lugar al desarrollo de la patología como rama particular de la medicina. De esta manera, observamos que lo normal y lo patológico como categorías polares resultan inherentes al propio despliegue del saber médico.

La medicina, en el largo proceso de su desarrollo como ciencia, se ha ido compartimentando y especializando progresivamente en disciplinas. Este curso ha derivado en el estudio y tratamiento cada vez más fragmentario y atómico de distintos componentes del cuerpo humano. En la actual configuración del campo médico advertimos una profusión de especialidades y subespecialidades fundamentadas en esa misma concepción fragmentaria. Así, se conformaron especialidades médicas definidas por el abordaje particular de un sistema o aparato como, por ejemplo, la cardiología y la flebología, que se ocupan del sistema circulatorio; la gastroenterología, que aborda las diversas partes del sistema digestivo; la endocrinología, que estudia y trata las hormonas producidas por las diversas glándulas del organismo, o la neumonología, que interviene en lo concerniente al aparato respiratorio. Más aun, existen subespecialidades médicas centradas exclusivamente en el tratamiento de un órgano, como la hepatología que se ocupa del hígado, la hematología que estudia los diversos componentes y alteraciones de la sangre y la nefrología que trata lo relacionado con los riñones. Incluso, en una misma rama como la traumatología, esta tendencia a la híper especialización genera abordajes parciales centrados en distintas partes del sistema osteo-artro-muscular como la mano, la rodilla, la cadera, etcétera. Asimismo, se han desarrollado especialidades médicas orientadas al estudio y tratamiento de distintas condiciones que varían por edad o etapa de la vida, como la pediatría y la geriatría, o que presentan aspectos particulares por sexo, como la ginecología y la andrología.

El carácter fragmentario y compartimentado del campo de la medicina pone en evidencia la matriz epistémica que organiza sus prácticas y sus modos de producción de conocimiento. En esta matriz pueden reconocerse rasgos característicos del paradigma de simplificación, esa forma de pensamiento que Morin contrapone al paradigma de la complejidad y que caracteriza, además, como una "patología del saber" y un modo de "inteligencia ciega" (Morin, 2001). La medicina es una de las ramas del saber más antiguas de la historia de la humanidad y una de las que más ha coadyuvado a modelar las sociedades humanas tal como las conocemos en el mundo contemporáneo. En ese largo proceso, la medicina ha contribuido a sopesar la complejidad del organismo humano; sin embargo, también se ha encargado de desunir y aislar analíticamente las partes que están indisolublemente articuladas en el mismo. "La simplicidad ve a lo uno y ve a lo múltiple, pero no puede ver que lo Uno puede, al mismo tiempo, ser Múltiple" (Morin, 2001: 89). En el imperio de la disyunción y la reducción, operaciones características del modo de pensamiento simplificador, se pierde de vista el doble vínculo que existe entre las partes y el todo; la parte es analíticamente separada pero no es religada al todo del que forma parte. La medicina ha ido desgranando y destejiendo el *complexus* vital que está tejido junto en el organismo humano.

El sesgo de la simplificación se hace presente de dos maneras relacionadas. Por un lado, en tanto la medicina y, más ampliamente, la salud son atravesadas por visiones parciales y unidimensionales que llevan a desmembrar una urdimbre de factores, a pensar en categorías dicotómicas o a reducir el interjuego entre las partes y el todo. Por otro lado, en la medida en que esas operatorias relegan a la salud a un solo plano de inteligibilidad y la inscriben en un nivel eminentemente biológico. Este énfasis olvida el principio dialógico entre la dimensión biológica y la dimensión cultural del ser humano que habilita a comprenderlo como un ser biocultural. Pensar en la unidualidad del hombre conlleva a pensar en la unidualidad de la salud. La perspectiva que orienta nuestra andadura integra el plano sociocultural como dimensión fundamental de la salud. Iluminar el modo en que se hace presente este componente nos permite elaborar una comprensión compleja de la salud.

El carácter sociocultural de la salud puede advertirse ya en las propias concepciones de salud que son producto de visiones sociohistóricas. El desarrollo del saber médico en sus componentes teóricos y técnicos encuentra correlato en las concepciones de salud y enfermedad, así como en las prácticas diagnósticas y terapéuticas asociadas. "La salud [...] es un concepto social, una construcción colectiva, que incluye a la sociedad y los cuerpos, que no se agota en una teoría médica, sino en un acuerdo global en que esa misma teoría médica es un elemento más" (Rodríguez, 2011: 11). Las cosmovisiones de una sociedad influyen en las concepciones de salud/enfermedad que configuran prácticas médico-científicas; y, a su vez, estas también devienen en cosmovisiones, en tanto trascienden las prácticas y concepciones particulares y producen sentido que circula socialmente. Desde mediados del siglo XX y hasta la actualidad adquirió relevancia social una concepción de salud fundamentada en la definición que la Organización Mundial de la Salud ha dado del concepto. En el preámbulo de su Constitución, este organismo afirma: "La salud es un estado de completo bienestar físico, mental y social, y no solamente la ausencia de afecciones o enfermedades" (OMS, 2014: 1). De este enunciado quisiéramos derivar varias observaciones que atañen al carácter sociocultural de la salud.

En primer lugar, no resulta menor que la definición en cuestión haya sido formulada por la Organización Mundial de la Salud. En virtud de la centralidad de este organismo y su injerencia internacional, la concepción de salud como "completo bienestar físico, mental y social" se ha convertido en rectora respecto de políticas sanitarias y prácticas en el campo de las ciencias de la salud. Asimismo, la influencia de esta concepción de salud deviene del propio rol que los organismos cumplen en el concierto internacional al elaborar diagnósticos y recomendaciones sobre una determinada materia como la salud. Si bien estos enunciados no resultan necesariamente vinculantes para las distintas naciones, son propuestos como lineamientos concretos de políticas públicas que, luego, los Estados se encargan de diseñar y ejecutar. De modo que un pronunciamiento de índole conceptual como la definición de salud adquiere un carácter operativo, normativo y social en tanto impulsa políticas, crea una norma o parámetro de salud y genera prácticas en esa dirección. Aquí se pone de manifiesto el sentido de gobierno como "conducción de conductas" (Foucault, 2007) ante una cuestión como la salud en la que se haya imbricado lo biológico, lo político y lo sociocultural, además de enlazarse el nivel individual y el poblacional.

En segundo lugar, la célebre definición enunciada por la OMS representa un giro en la concepción de la salud en tanto supone un desplazamiento de una perspectiva biologicista a un modelo biopsicosocial. La articulación de los componentes físico, mental y social de la salud pone de relieve su multidimensionalidad o multifactorialidad. En esta dirección, durante la segunda mitad del siglo XX y principalmente en América Latina, han ido desarrollándose enfoques críticos como el de la Medicina social y la Salud colectiva, que llaman la atención sobre los "determinantes sociales de la salud" (López Arellano *et al.*, 2008; Aguilar *et al.*, 2013). Lo que la salud sea y lo que pueda decirse y hacerse respecto de la misma se halla atravesado por contextos culturales y medioambientales, factores económicos, inequidades en el acceso a los sistemas de salud y por desigualdades –que son materiales pero también simbólicas, espaciales y temporales– respecto de la prevención y el cuidado de la salud. La consideración de este entramado de condiciones en torno de la salud no solo remarca su carácter sociocultural, sino que la inscribe insoslayablemente en una dimensión política y económica.

En tercer lugar, corresponde observar que si bien la definición original de la OMS plantea a la salud como un "estado", en referencia al "completo bienestar físico, mental y social", se ha generado un consenso implícito en el campo respecto del carácter procesual y no dicotómico de la salud. Más allá de las críticas a la imagen de la salud como algo estático o a su construcción antagónica con la enfermedad, adquirió relevancia la perspectiva del "proceso de salud-enfermedad" (Laurell, 1982, 1986), enfoque que no solo enfatiza el aspecto procesual, sino fundamentalmente el carácter cultural, socioeconómico e histórico de ese proceso. Asimismo, este planteo se ha ido complejizando hacia la idea del proceso de salud-enfermedad-atención/cuidado (Michalewicz *et al.*, 2014). Desde los enfoques que se ocupan del proceso de salud-enfermedad y atienden a los determinantes sociales de la salud, es posible vislumbrar puentes hacia la perspectiva de la complejidad y la transdisciplina en el campo de la salud (Almeida-Filho, 2006). Es decir que la complejización de la noción de salud convoca modalidades de abordaje que, cada vez más, se asumen como necesariamente transdisciplinares tanto en el plano epistémico como práctico.

En cuarto lugar, entre las observaciones que pueden desprenderse de la mentada definición de salud como "un estado de completo bienestar físico, mental y social", podemos advertir las implicancias que derivan de concebir la salud como bienestar y de que este sea prefigurado como un estado completo. Anclada en la idea de bienestar, la salud deviene en una categoría escurridiza que comporta elementos vinculados a la calidad de vida y al estilo de vida. Asimismo, esta concepción trae aparejado un efecto de normalización por el que ese estado completo de bienestar se halla siempre en desplazamiento, de modo que se genera un parámetro de salud inalcanzable (Costa y Rodríguez, 2017). Bajo esta perspectiva se hace inteligible la configuración sociocultural de un modo de ser saludable y un imperativo de salud perfecta (Crawford, 1980; Lupton, 1997; Sfez, 2008). La salud deviene en un ideal y el cuidado personal para alcanzarla se torna una cuestión moral. Esta concepción comporta un entramado de prácticas sociales y biomédicas tendientes al mejoramiento y la optimización de la salud y la vida misma (Conrad, 2007; Rose, 2012), entre las que pueden incluirse cuestiones tan disímiles como la alimentación saludable, las cirugías estéticas, el *antiaging*, las medicinas alternativas, la medicina biológica y genética, el *fitness* y la meditación, entre otras. Este tipo de prácticas pone en evidencia que la red de discursos sociales en torno al imperativo de salud perfecta conlleva efectos concretos de subjetivación (Rodríguez Zoya, 2015). Por esta vía nos encontramos con una nueva grilla que permite hacer inteligible la complejidad de la salud.

La comunicación y salud como campo transdisciplinar emergente (tesis 2)

Hasta aquí hemos explorado largamente distintas cuestiones atinentes a los dominios de la comunicación y la salud, guiados por el propósito de iluminar desde su interior el modo en que se hacen presentes ciertos principios de la perspectiva de la complejidad. Este recorrido se sustentó en una *primera tesis* que afirma que la comunicación y la salud constituyen dominios teórico-prácticos complejos, aunque la matriz epistémica de la complejidad no es asumida de modo explícito o sistemático. Con el fin de explorar este planteo hemos movilizado el principio de unidualidad biológica-cultural, fundamentado en la propuesta del pensamiento complejo de Edgar Morin, como grilla de lectura de la comunicación y de la salud.

Desde distintos ángulos de entrada pudimos reponer las imbricaciones mutuas y las tensiones entre las perspectivas de anclaje biológico y las de énfasis sociocultural de la comunicación y la salud. Asimismo, se han resaltado distintos modos en que se pone en juego el principio dialógico, la lógica recursiva y el carácter multidimensional, que encuentran fundamento expreso en la matriz epistémica de la complejidad. Más aún, este derrotero nos condujo a ilustrar el arraigo de las operaciones de disyunción y reducción –contrarias a la complejidad y características del modo de pensamiento simplificador–, sobre todo en el tratamiento del dominio de la salud y, en particular, vinculado a los modos de producción de conocimiento y prácticas en el campo de la medicina. No obstante, en virtud de lo expuesto podemos señalar que la comunicación y la salud constituyen dominios claramente complejos, mientras que la complejidad en tanto matriz epistémica se halla de algún modo latente o en ciernes.

Tras esta andadura, este momento del trabajo se desplaza de la comunicación y la salud como dominios relativamente autónomos hacia el campo conjunto de comunicación y salud. En este sentido, la presente sección se ocupa de desarrollar la *segunda tesis* que sustenta el planteo general del trabajo. Este enunciado afirma que la comunicación y salud conforma un campo transdisciplinar emergente a partir de una relación dialógica y recursiva entre el dominio de la comunicación y el de la salud. Esta tesis puede ser presentada a partir de la siguiente figura.

Figura 1. Bucle dialógico y recursivo entre comunicación y salud

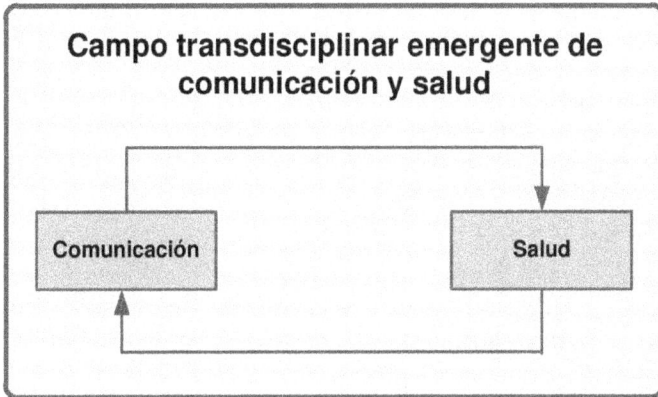

Cabe notar que las flechas que conectan ambos términos no son unidireccionales, sino que se retroalimentan mutuamente conformando un bucle. Por un lado, el conector parte del concepto de Comunicación hacia el de Salud y, por el otro, la conexión inicia en Salud con dirección hacia Comunicación. En este sentido, la comunicación y la salud se coproducen y se implican mutuamente. Bajo esta clave de lectura, la tesis que sostenemos afirma que el campo de comunicación y salud considerado conjuntamente constituye un emergente de este vínculo particular. Es decir que la concepción de una relación dialógica y recursiva entre dos dominios teórico-prácticos relativamente autónomos funciona como principio generador de un nuevo dominio de saber. Así, la comunicación y salud se configura como un campo transdisciplinar emergente.

La puesta en relación entre la comunicación y la salud en este campo emergente no consiste en un acople, fusión o solapamiento de los dos dominios. Tampoco cabría pensar tal vinculación en términos de una primacía de uno sobre el otro. Por el contrario, el campo de comunicación y salud constituye una emergencia en tanto se configura como un espacio de propiedades cualitativamente nuevas, es decir que implica nuevas relaciones y modos de organización de la comunicación y la salud. Entre estos dos dominios es posible concebir una relación de unidualidad. Así como hemos desarrollado el principio de unidualidad biológica-cultural en relación con la comunicación y con la salud, aquí atañe pensar en un principio de unidualidad salud-comunicación como clave de inteligibilidad de los temas, fenómenos y problemas que son abordados en el campo de estudios de la comunicación y salud. Esto quiere decir que el conjunto de problemáticas concernientes a este campo se caracteriza por pertenecer, de modo simultáneo, totalmente a la comunicación y totalmente a la salud.

El principio de unidualidad salud-comunicación conlleva una profunda imbricación entre procesos comunicacionales y fenómenos vinculados a la salud. Cuestiones centrales del campo de comunicación y salud como, por ejemplo, las estrategias comunicacionales de políticas públicas en materia de salud, la construcción y divulgación periodística de temas de salud, los discursos publicitarios referentes a medicamentos y productos orientados a la salud, la producción y circulación social de sentido en torno al cuidado de la salud y la promoción de hábitos saludables, entre muchas otras, se hallan atravesadas por miradas que atañen igualmente a la comunicación y a la salud. Asimismo, al problematizar la relación médico-paciente podemos advertir que ella condensa de modo indisoluble aspectos comunicacionales y de salud. Sea planteada como una relación interpersonal presencial entre médicos y pacientes o como una relación mediada tecnológicamente en la que intervienen dispositivos de info-comunicación, este vínculo emblemático del dominio de fenómenos de la comunicación y salud entraña la unidualidad como principio constitutivo del campo.

A la luz de estos planteos nos interesa formular dos interrogantes a modo de ángulos de problematización del campo de comunicación y salud. (i) ¿Cuál es el estatuto epistémico del campo de comunicación y salud? (ii) ¿Cómo incorporar de modo explícito y sistemático la perspectiva de la complejidad a la construcción teórico-metodológica del campo de comunicación y salud? El abordaje de cada uno de estos interrogantes nos conduce a enunciar sucintamente una respuesta tentativa y una conjetura programática respecto del campo de comunicación y salud.

La transdisciplina como principio epistémico en comunicación y salud

Considerando el primero de los interrogantes planteados respecto del estatuto epistémico del campo de comunicación y salud es pertinente atender a la distinción entre tres términos que en diversas ocasiones son confundidos y se emplean de modo laxo, vago e impreciso, de manera análoga a lo que ocurre con el concepto de complejidad. Los tres términos que queremos poner en juego para elucidar los fundamentos epistémicos del campo de comunicación y salud son los de multidisciplina, interdisciplina y transdisciplina, los cuales encuentran una profunda conexión con los enfoques de la complejidad.

En la elaboración de la teoría de los sistemas complejos, el científico argentino Rolando García establece una distinción precisa entre la multidisciplina y la interdisciplina, aunque no ofrece una definición ni toma posición respecto de la transdisciplina. De acuerdo con este autor la multidisciplina supone una coordinación, yuxtaposición o sumatoria de resultados provenientes de estudios o enfoques de distintas disciplinas particulares. En cambio, la interdisciplina es un proceso que implica un modo de organización y una cualidad de un equipo de trabajo, así como una metodología común de investigación. Mientras un enfoque multidisciplinario produce investigaciones disciplinarias independientes cuyos resultados son integrados con posterioridad, la interdisciplina no se reduce a un acto de coordinación de resultados, sino que constituye un proceso en el que la articulación de enfoques disciplinarios es previa y constitutiva de la construcción de una problemática y una metodología común de trabajo.

García brinda una fundamentación clara y rigurosa entre estas dos perspectivas y aboga por la interdisciplina como principio epistemológico y metodológico para el estudio de los sistemas complejos. En este sentido señala que

> un conjunto de especialistas puede ser denominado multidisciplinario o pluridisciplinario, pero no por el mero hecho de estar juntos se torna interdisciplinario. La yuxtaposición de especialistas (multi- o pluri-) no produce la interdisciplinariedad, que es, insisto, una consecuencia metodológica (García, 2006: 92-93).

El desarrollo de la interdisciplina requiere, pues, la construcción de un marco epistémico compartido por los integrantes de un equipo desde el comienzo de una investigación. Vale resaltar que "los equipos de investigación [...] son multidisciplinarios; lo que es interdisciplinario es la metodología que implica el estudio de un sistema complejo" (García, 2006: 89).

En estas coordenadas teóricas, advertimos que el estatuto epistémico del campo de comunicación y salud no podría ser definido como multidisciplinario ni como interdisciplinario en el sentido que lo expresa García. La configuración del campo de estudios en comunicación y salud no resulta de una voluntad multidisciplinaria de coordinación de estudios disciplinarios de investigadores individuales ni conlleva una petición de principio metodológico interdisciplinario. En la perspectiva que sostenemos la comunicación y salud conforma un dominio de saber emergente construido social e históricamente que implica la convergencia de dominios disciplinares relativamente autónomos y disyuntos como la "comunicación" y la "salud". En este sentido, consideramos que cabría valorar un tercer principio epistémico y pensar la comunicación y salud como un campo transdisciplinar.

En la denominada "Carta a la Transdisciplinariedad", diversos autores acuerdan y fundamentan que la transdisciplina se refiere a "lo que está entre, a través y más allá de las disciplinas" (Nicolescu *et al.*, 1994). Al igual que como García sostiene respecto de la interdisciplina, la transdisciplina no implica la anulación de las disciplinas, sino que reconoce su autonomía, necesidad y pertinencia. Por ello afirmamos que la comunicación y salud como transdisciplina no implica anular las ciencias de la comunicación ni las ciencias de la salud; cada una de estas conserva su autonomía en cuanto a la definición de sus objetos y la especificidad de su mirada. No obstante, "entre", "a través" y "más allá" de ambas se construye un nuevo terreno epistémico como transdisciplina. Así, el campo de comunicación y salud conlleva la construcción de un saber emergente y transdisciplinar que resulta de pensar la complejidad de los procesos de salud-comunicación como unidualidad constitutiva de las experiencias problematizadas.

Los estudios en comunicación y salud no se fundan en un acuerdo consciente, *a priori* y predeterminado de desarrollar una línea de trabajo que articule la comunicación y la salud en un marco epistémico y metodológico aplicable en prácticas de investigación o de intervención. Por el contrario, la comunicación y salud como campo transdisciplinar emerge a partir de un proceso epistémico y socio-histórico en el cual se problematizan diversas experiencias o fenómenos concernientes tanto a la comunicación como a la salud. Estas problemáticas revisten profunda actualidad y relevancia en tanto resultan consustanciales a las sociedades contemporáneas y se refieren a cuestiones primordiales como lo son la salud-enfermedad y la comunicación en la vida de los individuos y las sociedades.

Afirmar el carácter emergente y socio-histórico de este terreno epistémico habilita una pregunta genealógica que puede resultar de interés para problematizar el campo de la comunicación y salud. ¿Cómo y por qué surge la comunicación y salud como transdisciplina y se constituye como campo relevante de la cultura contemporánea? Si bien brindar una respuesta en profundidad excede los límites de este trabajo, podemos aventurar una conjetura y señalar una línea de indagación que consideramos fecunda. Con sustento en la tesis foucaultiana sobre la mutua implicancia entre saber y poder, cabe observar que la emergencia de una transdisciplina no puede entenderse como campo meramente epistémico, sino que es necesario problematizar las relaciones de poder que abriga. Por lo tanto, podemos afirmar que el campo de comunicación y salud además de una índole teórica y práctica, comporta un doble carácter epistémico y político.

En esta dirección, como respuesta tentativa y de carácter programático al interrogante enunciado, conjeturamos que el campo transdisciplinar de comunicación y salud emerge en el cruce de tres vectores. En primer lugar, el cambio de racionalidad de gobierno en las sociedades contemporáneas y el ascenso del neoliberalismo como tecnología de gobierno de la vida. En segundo lugar, la revolución tecnológica contemporánea que se expresa, por un lado, en el desarrollo de las Nuevas Tecnologías de Información y Comunicación y, por otro, en las transformaciones de la biomedicina a partir de su propio avance tecnocientífico y de su hibridación con las ciencias de la vida. En tercer lugar, la Modernidad Tardía como coordenada global-contemporánea que conjuga factores sociales, tecnológicos y económicos a partir de los cuales se configuran determinados modos de socialidad, subjetividades y estilos de vida característicos en la actualidad.

Recuperando un planteo foucaultiano central podemos advertir que en la coyuntura conformada por estos tres vectores se cruzan las dimensiones del poder, el saber y la subjetivación como un complejo haz de remisiones organizado en torno al eje comunicación-salud. Cuestiones como la comunicación-información como componente central de las estrategias de gobierno, la salud como objeto preeminente de gobierno, los modos de subjetivación atravesados por saberes y discursos biológicos, la mediación tecnológica de las prácticas o la responsabilización de los individuos para el cuidado de su propia salud, entre otras, se ubican tanto en el encuentro de aquellos tres vectores como en el centro de diversas problemáticas que se inscriben en el campo transdisciplinar de la comunicación y salud. Proseguir esta línea planteada como hipótesis general de la emergencia de este campo puede constituir materia de investigación de trabajos futuros.

De la complejidad implícita a la explicita: hacia un nuevo modo de objetivación en comunicación y salud

Un segundo ángulo de problematización de este campo transdisciplinar emergente radica en la pregunta por la relación entre la comunicación y salud y la perspectiva de la complejidad. En este sentido fue planteado el interrogante: ¿cómo incorporar de modo explícito y sistemático la perspectiva de la complejidad a la construcción teórico-metodológica del campo de comunicación y salud? El interés que subyace a esta pregunta consiste en elucidar de qué modo el campo de la comunicación y salud puede generar un provecho epistémico y ganar en precisión analítica y densidad interpretativa incorporando reflexivamente la perspectiva de la complejidad a su matriz epistémica. En esta línea cabe preguntarnos también cuáles son los desafíos que la perspectiva de la complejidad y la transdisciplina le plantean al campo de la comunicación y la salud.

Esbozar una respuesta, aunque sea de modo tentativo, implica plantear cómo el campo de la comunicación y salud puede pensarse como un campo complejo y hacerse cargo de la complejidad de sus objetos. Dicho de otro modo, para que el campo de la comunicación y salud pueda capitalizar aportes de la perspectiva de la complejidad se requiere efectuar un paso de la complejidad implícita a la complejidad explícita en la matriz epistémica de la comunicación y salud. Junto con Morin podemos decir que la comunicación y salud debe plantearse como una "ciencia con conciencia" (Morin, 1982) para asumir la complejidad como modo de pensamiento que permita afrontar los desafíos que suponen e imponen los fenómenos complejos. Asimismo, de la mano de García (2006) señalamos que se torna necesario pensar los problemas fundamentales del campo de la comunicación y salud no como objetos de estudio sino como "sistemas complejos". En este sentido, para comprender la complejidad de los fenómenos de este campo –fenómenos que entrañan una unidualidad salud-comunicación– hay que comprender esa complejidad sistémicamente, es decir, como un sistema.

En primer lugar, un "sistema" se refiere a las propiedades y la dinámica de un conjunto de elementos que no pueden reducirse a las características y el comportamiento de sus componentes considerados de forma aislada. Siguiendo la elaboración de Rolando García corresponde decir que un sistema complejo no existe en la realidad inmediata, no tiene existencia ontológica de modo independiente al sujeto de conocimiento. Esto quiere decir que no está dado empíricamente, sino que es construido por un investigador a partir de una pregunta conductora que orienta la delimitación de un conjunto de elementos y aspectos de la realidad problematizada. En virtud de esto se deduce que "ningún sistema está dado en el punto de partida de la investigación. El sistema no está definido, pero es definible" (García, 2006: 39).

De acuerdo con García, los componentes de un sistema complejo reúnen cuatro condiciones: son elementos heterogéneos, interdefinibles, en interacción –es decir, que dependen mutuamente y no pueden entenderse unos sin los otros– y pertenecientes al dominio de distintas disciplinas.

A partir de esto se colige que una sola disciplina no puede dar cuenta de la complejidad de un sistema o de un problema concebido como sistema complejo; de allí que García plantea que el estudio de un sistema complejo requiere de una metodología de trabajo interdisciplinaria. Si bien ya hemos deslindado las implicancias de la interdisciplina y la transdisciplina en el campo de la comunicación y salud, acotamos aquí que, efectivamente, las cuestiones que comportan una unidualidad salud-comunicación difícilmente puedan ser abordadas de manera integral por un solo enfoque disciplinario, sea proveniente de la comunicación o de la salud. De hecho, cada vez es más frecuente el tratamiento de diversas problemáticas por equipos integrados por profesionales de distintas disciplinas, aunque en muchas ocasiones esto sea confundido con la interdisciplina.

Otra particularidad que caracteriza a los sistemas complejos consiste en que están estructurados en niveles de organización semiautónomos pero interactuantes entre sí. Este modo de organización multinivel comprende diversos aspectos o dimensiones. Un sistema puede definirse como complejo en razón de que involucra múltiples procesos: comunicacionales, sanitarios, tecnológicos, socio-culturales, económicos, físico-biológicos, ambientales, jurídico-normativos, etcétera. Además, un sistema complejo abarca múltiples actores: sociales, políticos, médicos, académicos, científicos, periodísticos, estatales, mediáticos, ciudadanos, económicos o productivos. Por otra parte, la complejidad de un sistema remite a escalas espaciales que articulan el nivel micro y el macro, y a escalas temporales de múltiples duraciones: corto, mediano y largo plazo. Asimismo, un sistema complejo comporta múltiples consecuencias: sociales, sanitarias, subjetivas, éticas, políticas, culturales, económicas, ecológicas, entre otras.

Si bien esta caracterización de la multidimensionalidad puede rastrearse en la elaboración epistemológica de los sistemas complejos de Rolando García (2006), resulta interesante notar que la propuesta del pensamiento complejo de Edgar Morin comprende una consideración análoga respecto del carácter multinivel de los fenómenos.

> Hay, efectivamente, niveles o jerarquías [...]; hay también diferentes ángulos de observación [...] y niveles de organización. En ciertos niveles de organización emergen ciertas cualidades y propiedades específicas, [por lo que] es necesario hacer intervenir consideraciones nuevas en cada nivel (Morin, 2001: 149).

Concebir el campo de comunicación y salud como un sistema complejo o, lo que es lo mismo, pensar la complejidad sistémica de las problemáticas de comunicación-salud, implica problematizar este campo transdisciplinar emergente a la luz de las características e implicancias de los sistemas complejos. Desplazando el carácter multidimensional de los sistemas complejos al campo de comunicación y salud cabe plantear, al interior de este, un principio de organización multinivel de elementos heterogéneos.

En relación con la comunicación advertimos que ella misma es multidimensional y remite a múltiples niveles; incluso, de un nivel a otro puede cambiar hasta la propia concepción de comunicación. Diversas problemáticas pueden referirse a un plano de comunicación interpersonal como la que se pone en juego en la relación entre médico y paciente. La campaña de una política pública en salud atañe a un nivel de comunicación masiva y mediática, y puede contemplar distintos soportes como el gráfico, el televisivo, el radial e internet. En algunas ocasiones se apela a la comunicación en un nivel que tiene que ver más precisamente con la información y se pretende explotarla instrumentalmente tal como si fuese una herramienta técnica. Por otro lado, también opera la dimensión tecnológica de la comunicación de modo transversal a diversas problemáticas. A la vez, la dimensión tecnológica se encuentra asociada a los otros niveles o modos de comunicación en tanto podemos pensarla como mediadora de una comunicación interpersonal, como soporte de una comunicación masiva o como plataforma para la emisión de mensajes o difusión de contenidos vinculados a temas de salud. Otro nivel consiste en la comunicación social como espacio simbólico donde se generan los procesos de producción y circulación de significaciones sociales. En este nivel, la comunicación opera como una escala macro o atmósfera en la que acontecen diversos fenómenos y problemáticas micro que corresponden a los otros niveles o modos de comunicación.

Por otra parte, los asuntos del dominio de la salud también comportan un carácter multidimensional y complejo. Sin pretender reducir o sistematizar cabalmente los niveles que presentan las cuestiones vinculadas a la salud comprendidas como un sistema complejo, podemos apuntar algunos de los aspectos implicados. Las problemáticas en salud presentan un cariz anátomo-fisiológico, pero también comprende un carácter subjetivo, comunitario, social, ambiental, político e institucional. A la vez, la salud puede remitir a una escala epidemiológica o clínica. En relación con el carácter multiactoral, las problemáticas en salud involucran a los pacientes o usuarios de los sistemas de salud, los médicos de diversas especialidades, los decisores y gestores de políticas públicas en salud, las instituciones del sistema de salud, los agentes de salud que actúan en un nivel territorial-comunitario, distintos organismos de control, las farmacéuticas, la industria alimentaria, las instituciones educativas en salud, los científicos de la rama biomédica y también social. Incluso, los sistemas complejos de salud pueden ser pensados en función de escalas temporales de distinta duración y de las consecuencias que conllevan.

Lo recién expuesto significa que los fenómenos que corresponden tanto al dominio de la comunicación como al de la salud conforman sistemas complejos. Las problemáticas que conciernen al campo de comunicación y salud conjugan estos dos sistemas complejos como si fueran dos engranajes que se acoplan uno en el otro. Por lo tanto, al trabajar en torno a una problemática que entraña una unidualidad salud-comunicación nos enfrentamos a una complejidad sistémica que articula dos grandes sistemas complejos en su interior. Adicionalmente, en el campo de comunicación y salud podemos reconocer la coexistencia de dos sistemas complejos que se coproducen mutuamente. Por un lado, el sistema de fenómenos o experiencias de comunicación-salud que son objeto de problematización. Por otro lado, el sistema de prácticas de investigación y de intervención desarrolladas en comunicación y salud. Ambos, objetos y prácticas, pueden ser pensados como sistemas complejos, cada uno de los cuales presenta múltiples niveles de organización.

A partir de la clave de inteligibilidad que abre la comprensión de los fenómenos y problemas de comunicación y salud como sistemas complejos, interesa plantear un lineamiento programático para el campo. Consideramos que esta perspectiva genera dos desafíos: uno en relación con los objetos y otro vinculado a las prácticas. En primer lugar se requiere concebir un nuevo modo de objetivación de los fenómenos comprendidos en el campo de comunicación y salud. Este nuevo modo de objetivación estriba en reconocer y problematizar el carácter multidimensional y complejo de las problemáticas de comunicación-salud. A partir de tal modo de objetivación, las diversas cuestiones que atañen al campo de la comunicación y salud −es decir, sus objetos− pueden ser concebidas en términos de sistemas complejos, susceptibles de ser abordados mediante una investigación interdisciplinaria en el sentido en que lo plantea García. De esta manera, la pregunta por cómo la comunicación y salud puede incorporar explícitamente la perspectiva de la complejidad a sus prácticas epistémicas puede responderse a partir de la objetivación de las problemáticas que se inscriben en el campo como sistemas complejos.

En segundo lugar, de modo correlativo a lo anterior, planteamos el desafío de desarrollar proyectos de investigación interdisciplinaria en sistemas complejos al interior del campo de comunicación y salud. Esto implica un desplazamiento de la transdisciplina a la interdisciplina como principio epistémico organizador del campo. La condición para el desarrollo de la interdisciplina radica en concebir los fenómenos o problemáticas en estudio desde la perspectiva de los sistemas complejos, articular conocimientos o enfoques disciplinares particulares desde el comienzo de una investigación y construir un marco epistémico y metodológico compartido por los integrantes de un equipo multidisciplinario. La investigación y la intervención interdisciplinaria en comunicación y salud permitirían lograr diagnósticos integrales de las diversas problemáticas concebidas como sistemas complejos. Aquí se conjuga el doble propósito de investigar para conocer e investigar para actuar y transformar, que consideramos un lineamiento preeminente del desarrollo futuro del campo de comunicación y salud.

Epílogo

La motivación principal de este capítulo ha sido asumir el desafío de problematizar la complejidad del campo de comunicación y salud. Para este fin se ha desarrollado un análisis de este campo emergente a partir de claves interpretativas brindadas por la perspectiva de la complejidad, tomando en consideración, fundamentalmente, el pensamiento complejo de Edgar Morin y la teoría de los sistemas complejos de Rolando García. La elaboración de este trabajo conlleva una puesta en acto del pensamiento complejo, en tanto el despliegue argumental del texto puede ser reconstruido a la luz de la dialógica entre dos movimientos epistémicos centrales de la complejidad: la separación de lo que está unido y la articulación de lo que está separado. Con el propósito de problematizar el campo de comunicación y salud, comenzamos por separar los dos dominios que están unidos y lo componen –la comunicación y la salud–, para luego volver a articularlos y reflexionar en torno al campo conjunto de comunicación y salud.

El concepto de complejidad configura un territorio problemático delineado por dos vectores. Por un lado, la idea de complejidad constituye un acontecimiento en la historia del pensamiento que pone en cuestión las posibilidades y límites de la matriz epistémica de la Modernidad y sus modos predominantes de construcción y organización del saber. En este sentido, la complejidad alumbra la formación de una racionalidad emergente. Por esta razón, la complejidad no puede reducirse a una teoría, a un método ni a una ciencia; no es un dispositivo listo para usar. La centralidad epistémica de la complejidad reside en que implica una actitud y una práctica, un modo de pensamiento y un modo de construcción de problemas. Por otro lado, la noción de complejidad alude, además, a la configuración de un nuevo modo de objetivación de fenómenos que permite observar dinámicas y procesos difíciles de concebir y estudiar en la matriz epistémica clásica. De esta manera, la complejidad como modo de objetivación suscita una nueva ontología en la que el mundo es pensado como una red de sistemas complejos. En síntesis, la complejidad conjuga una nueva racionalidad y un nuevo modo de objetivación.

La matriz epistémica de la complejidad interpela el campo de comunicación y salud y plantea tres profundos desafíos que pueden ser pensados con carácter programático. En primer lugar, se vislumbra la tarea de problematizar el dominio de fenómenos comprendidos en este campo como sistemas complejos. Esto implica movilizar los conceptos, métodos y técnicas del pensamiento y ciencias de la complejidad como estrategias de indagación para la construcción de sus objetos de estudio. Es decir, desarrollar críticamente la complejidad como estrategia de objetivación relevante para la investigación e intervención en comunicación y salud.

En segundo lugar, la objetivación de sistemas complejos de comunicación-salud suscita una implicancia práctico-epistémica por cuanto requiere concebir estrategias de investigación interdisciplinarias para la comprensión sistémica de dichas problemáticas. Ahora bien, si las disciplinas constituyen campos de saber-poder, entonces, la práctica interdisciplinaria de la ciencia no se agota ni se reduce en el diálogo de saberes ni en la articulación de conocimientos desarticulados. Bien por el contrario, el desarrollo práctico de estrategias de investigación interdisciplinarias en sistemas complejos implica poner en cuestión las relaciones de poder que estructuran el campo de comunicación y salud.

En tercer lugar, la idea de complejidad como un nuevo modo de objetivación es necesaria pero insuficiente en sí misma. Además, se requiere concebir un modo de reflexividad tendiente a problematizar las propias prácticas epistémicas y nuestro modo de pensamiento. En otros términos, se trata de hacer explícitas y de reflexionar sobre las matrices de pensamiento con las que interrogamos y organizamos las problemáticas del mundo de la experiencia. Si la objetivación implica un pensamiento de primer orden centrado en el objeto de conocimiento, la reflexividad conlleva un pensamiento de segundo orden orientado a problematizar el conocimiento del conocimiento. En suma, la complejidad como desafío enhebra dos planos: la complejidad como modo de objetivación y como modo de reflexividad.

Este triple desafío de la complejidad nos interpela como sujetos sociales y epistémicos. ¿Cuáles serían entonces los aportes decisivos de la perspectiva de la complejidad al campo de comunicación y salud? Efectivamente, la complejidad no es una teoría o un corpus de saber constituido a partir del cual renovar desde afuera la matriz epistémica del campo de comunicación y salud. Si este fuera el caso, bastaría con incorporar un método o concepto para producir tal efecto. Por el contrario, la complejidad como desafío práctico para el campo de comunicación y salud se revela, más bien, como un *ethos*, es decir, una actitud o modo de ser que implica ponernos en cuestión a nosotros mismos y conlleva una profunda crítica a nuestro modo de pensar y hacer ciencia. Por esta razón, desarrollar de modo sistemático y constructivo una práctica compleja en comunicación y salud supone, por un lado, asumir la complejidad de los problemas fundamentales del campo y, por el otro, problematizar reflexivamente las propias prácticas.

Con el fin de hacer operativo este planteo se propone el concepto de problemas complejos como categoría organizadora del dominio de fenómenos del campo. Los problemas de comunicación-salud son problemas complejos en virtud de cuatro razones fundamentales. En primer lugar, son complejos porque conciernen a la vida biológica y cultural de los individuos y las sociedades. En este sentido, son problemas vitales en tanto la comunicación y la salud constituyen dimensiones insoslayables de la vida. En segundo lugar, los problemas de comunicación-salud son problemas complejos puesto que son constitutivos de la coyuntura actual de las sociedades contemporáneas. En efecto, la comunicación-salud configura situaciones problemáticas que nos interpelan de modo práctico y urgente. Son realidades frente a las cuales hay que hacer algo y que, por lo tanto, demandan acciones, decisiones y respuestas. En tercer lugar, los problemas de comunicación-salud suscitan una perspectiva ética puesto que no es posible asumir una posición axiológicamente neutral frente a ellos. La complejidad inscribe a la ética en el corazón de los procesos de investigación, intervención y conocimiento. En cuarto lugar, los problemas de comunicación-salud se revelan como desafíos epistémicos en virtud del carácter complejo de tales fenómenos. En síntesis, los problemas de comunicación-salud concebidos como problemas complejos se constituyen en una urdimbre que entrelaza de modo indisoluble aspectos prácticos, epistémicos, éticos y vitales.

El concepto de problema complejo es una noción fundamental para pensar el carácter vital, relevante y actual de los problemas de comunicación-salud. Así, la idea de problemas complejos deviene en una categoría articuladora que permite conectar el carácter concreto y real de los problemas fundamentales de comunicación-salud con la matriz epistémica de la complejidad. La perspectiva de la complejidad habilita a concebir la comunicación y salud como un campo transdisciplinar que comporta carácter teórico y práctico, epistémico y político, científico y filosófico. Con todo, el *ethos* de la complejidad suscita una racionalidad reflexiva que permite poner en cuestión nuestros modos de pensar, nuestros modos de decir y nuestros modos de hacer. La actitud de complejidad es condición de posibilidad para el desarrollo de una subjetividad científica que propende a la autoobservación y la autocrítica permanentes sin renunciar a la objetivación del mundo de la experiencia. Si el campo de comunicación y salud no asume una actitud de complejidad se enfrenta a un doble riesgo. Por un lado, el riesgo de objetivación sin reflexividad que conduce al cientificismo. Por otro lado, el riesgo de reflexividad sin objetivación que tiende a una prédica discursiva crítica sin consecuencias prácticas.

La actitud de complejidad es un desafío y una invitación para quienes trabajamos en el campo de comunicación y salud con el fin de desarrollar prácticas teóricamente robustas, metodológicamente factibles, epistemológicamente reflexivas, socialmente relevantes, políticamente conscientes y éticamente responsables.

Referencias bibliográficas

Aguilar, M.; Roa, I.; Kaffure, L.; Ruiz, L. y Sánchez, G (2013). "Determinantes sociales de la salud: Postura oficial y perspectivas críticas". *Revista Facultad Nacional de Salud Pública*, 31(supl. 1): S103-S110.

Almeida-Filho, N. (2006). "Complejidad y transdiciplinariedad en el campo de la salud colectiva. Evaluación de conceptos y aplicaciones". *Salud Colectiva*, 2(2): 123-146.

Angenot, M. (2010). *El discurso social. Los límites históricos de lo pensable y lo decible*. Buenos Aires: Siglo XXI Editores.

Axelrod, R. (1997). *The Complexity of Cooperation*. Princeton: Princeton University Press.

Barthes, R. (1993). *La aventura semiológica*. Barcelona: Paidós.

Bourdieu, P. (1991). *El sentido práctico*. Madrid: Taurus.

Camargo Jr., K. (2005). "A Biomedicina". *PHYSIS: Revista de Saúde Coletiva*, 15(Suplemento): 177-201.

Canguilhem, G. (2004). "La salud: concepto vulgar y cuestión filosófica". En *Escritos sobre la medicina* (pp. 49-67). Buenos Aires: Amorrortu.

Caponi, S. (1997). "Georges Canguilhem y el estatuto epistemológico del concepto de salud". *História, Ciências, Saúde-Manguinhos*, 4(2): 287-307.

Castoriadis, C. ([1983] 2010). *La institución imaginaria de la sociedad*. Buenos Aires: Tusquets.

Cerrón Rojas, W. (2014). "Conocimiento y matrices epistémicas". *Horizonte de la Ciencia*, 4(6): 87-90.

Conrad, P. (2007). *The Medicalization of Society. On the Transformation of Human Conditions into Treatable Disorders*. Baltimore: The Johns Hopkins University Press.

Costa, F. y Rodríguez, P. (2017). *La salud inalcanzable. Biopolítica molecular y medicalización de la vida cotidiana*. Buenos Aires: Eudeba.

Crawford, R. (1980). "Healthism and the Medicalization of Everyday Life". *International Journal of Health Services*, 10(3): 365-388.

Foucault, M. (2007). *Nacimiento de la biopolítica*. Buenos Aires: Fondo de Cultura Económica.

García, R. (2000). *El conocimiento en construcción. De las formulaciones de Jean Piaget a la teoría de los sistemas complejos*. Barcelona: Gedisa.

García, R. (2006). *Sistemas complejos. Conceptos, método y fundamentación epistemológica de la investigación interdisciplinaria*. Barcelona: Gedisa.

Gell-Mann, M. (1994). *El Quark y el Jaguar. Aventuras en lo simple y lo complejo*. Barcelona: Tusquets.

Gilbert, N. (1996). "Simulation as a Research Strategy". En Ulrich Mueller, K.; Gilbert, N. & Doran, J. (eds.). *Social Science Microsimulation* (pp. 448-454). Berlin: Springer.

Grossberg, L. (2010). *Estudios culturales. Teoría, política y práctica*. Valencia: Letra capital.

Hall, S. (2011a). *La cultura y el poder: conversaciones sobre los cultural studies*. Buenos Aires: Amorrortu.

Hall, S. (2011b). "Representación: Representaciones culturales y prácticas significantes". En Cruces Villalobos, F. y Pérez Galán, B. (comps.). *Textos de antropología contemporánea* (pp. 59-73). Madrid: Universidad Nacional de Educación a Distancia (UNED).

Hall, E. y Hall, M. (1990). *Understanding Cultural Differences*. Yarmouth: Intercultural Press.

Johnson, S. (2001). *Sistemas emergentes. O qué tienen en común hormigas, neuronas, ciudades y software*. Madrid: Fondo de Cultura Económica.

Kornblit, A.L. y Mendes Diz, A.M. (2000). *La salud y la enfermedad: aspectos biológicos y sociales*. Buenos Aires: Aique.

Laurell, A.C. (1982). "La salud-enfermedad como proceso social". *Cuadernos Médico Sociales*, (19): 1-11.

Laurell, A.C. (1986). "El estudio social del proceso salud-enfermedad en América Latina". *Cuadernos Médico Sociales*, (37): 1-10.

Le Moigne, J.L. (1990). *La modélisation des systèmes complexes.* Paris: DUNOD.

López Arellano, O.; Escudero, J. y Carmona, L. (2008). "Los determinantes sociales de la salud: una perspectiva desde el Taller Latinoamericano de Determinantes Sociales de la Salud, ALAMES". *Medicina Social,* 3(4): 323-335.

Lukomski, A. (2010). "Reflexiones acerca del concepto de paradigma". *Logos,* (18): 47-53.

Lupton, D. (1997). *The Imperative of Health. Public Health and the Regulated Body.* Londres: Sage.

Maldonado, C. (1999). "Esbozo de una filosofía de la lógica de la complejidad". En Maldonado, C. (ed.). *Visiones sobre la complejidad* (pp. 9-27). Bogotá: Ediciones El Bosque.

Maldonado, C. (2007). *Complejidad: ciencia, pensamiento y aplicación.* Buenos Aires: Universidad Externado de Colombia.

Martín-Barbero, J. (2010). "Notas para hacer memoria de la investigación cultural en Latinoamérica". En Richard, N. (ed.). *En torno a los estudios culturales. Localidades, trayectorias y disputas* (pp. 133-141). Santiago de Chile: ARCIS/CLACSO.

Martínez Miguélez, M. (2010). "Epistemología de las ciencias humanas en el contexto iberoamericano". *Paradigma,* XXXI(1): 7-32.

Merleau-Ponty, M. ([1945] 1993). *Fenomenología de la percepción.* Barcelona: Planeta-De Agostini.

Michalewicz, A.; Pierri, C. y Ardila-Gómez, S. (2014). "Del proceso de salud/enfermedad/atención al proceso salud/enfermedad/cuidado: elementos para su conceptualización". *Anuario de Investigaciones,* XXI: 217-224.

Morin, E. (1973). *El paradigma perdido. Ensayo de bioantropología.* Barcelona: Kairós.

Morin, E. (1977). *El Método I. La naturaleza de la naturaleza.* Madrid: Cátedra.

Morin, E. (1982). *Ciencia con conciencia*. Barcelona: Anthropos.

Morin, E. (1995). "Epistemología de la complejidad". En Fried Schnitman, D. (comp.). *Nuevos paradigmas, cultura y subjetividad*. Buenos Aires: Paidós.

Morin, E. (1997). "La unidualidad del hombre". Gazeta de antropología, (13): 1-6.

Morin, E. (1998). *El Método IV. Las ideas*. Madrid: Cátedra

Morin, E. (1999). *La cabeza bien puesta. Repensar la reforma. Reformar el pensamiento*. Buenos Aires: Nueva Visión.

Morin, E. ([1990] 2001). *Introducción al pensamiento complejo*. Barcelona: Gedisa.

Morin, E. (2002). *El Método III. El conocimiento del conocimiento*. Madrid: Ediciones Cátedra.

Morin, E. (2007). "Complejidad restringida, complejidad general". En Morin, E. y Le Moigne, J.L. (eds.). *Intelligence de la complexité: épistémologie et pragmatique*, Colloque de Cerisy, 2005 (pp. 28-50). La Tour d'Aigues: Éditions de l'Aube. Traducido del francés por Pep Lobera.

Morin, E. y Palmarini, M. (1983). *La unidad del hombre. Tomo I: El primate y el hombre*. Barcelona: Argos Vergara.

Nicolescu, B.; Bianchi, F.; Morin, E. y Motta, R. (1994). *Carta a la transdisciplinariedad*. Recuperado de: https://goo.gl/5LZsA3 (consulta: mayo de 2017).

Organización Mundial de la Salud-OMS (2014). Constitución de la Organización Mundial de la Salud. En *Documentos básicos*, 48ª edición (pp. 1-21). Ginebra: Organización Mundial de la Salud.

Peirce, Ch. (1986). *La ciencia de la semiótica*. Buenos Aires: Nueva Visión.

Petracci, M. y Waisbord, S. (comps.) (2011). *Comunicación y salud en la Argentina*. Buenos Aires: La Crujía Ediciones.

Real Academia Española. RAE (2017a). Complejidad. En *Diccionario de la lengua española* (versión en línea de la 23ª edición). Recuperado de: dle.rae.es (consulta: mayo de 2017).

Real Academia Española. RAE (2017b). Complicado. En *Diccionario de la lengua española* (versión en línea de la 23ª edición). Recuperado de: dle.rae.es (consulta: mayo de 2017).

Real Academia Española. RAE (2017c). Simple. En *Diccionario de la lengua española* (versión en línea de la 23ª edición). Recuperado de: dle.rae.es (consulta: mayo de 2017).

Real Academia Española. RAE (2017d). Salud. En *Diccionario de la lengua española* (versión en línea de la 23ª edición). Recuperado de: dle.rae.es (consulta: mayo de 2017).

Real Academia Española. RAE (2017e). Enfermedad. En *Diccionario de la lengua española* (versión en línea de la 23ª edición). Recuperado de: dle.rae.es (consulta: mayo de 2017).

Reynoso, C. (2006). *Complejidad y caos. Una exploración antropológica*. Buenos Aires: Editorial SB.

Reynoso, C. (2009). *Modelos o metáforas. Crítica del paradigma de la complejidad de Edgar Morin*. Buenos Aires: Editorial SB.

Rodenas Cerdá, J. (2014). *Historia antigua del arte de curar*. México: Editorial Club Universitario.

Rodríguez Zoya, L. (2011). "Introducción crítica a los enfoques de la complejidad: tensiones epistemológicas e implicancias políticas para el Sur". En Rodríguez Zoya, L. (coord.). *Exploraciones de la complejidad. Aproximación introductoria al pensamiento complejo y a la teoría de los sistemas complejos* (pp. 35-39). Buenos Aires: Centro Iberoamericano de Estudios en Comunicación, Información y Desarrollo.

Rodríguez Zoya, L. (2017). "Problematización de la complejidad de los sistemas de pensamiento: un modelo epistemológico para la investigación empírica de los paradigmas". *Revista Latinoamericana de Metodología de las Ciencias Sociales*, 7(2): 1-39.

Rodríguez Zoya, L. y Aguirre, J. (2011). "Teorías de la complejidad y ciencias sociales. Nuevas estrategias epistemológicas y metodológicas". *Nómadas. Revista crítica de ciencias sociales y jurídicas*, 30(2): 147-166.

Rodríguez Zoya, L. y Rodríguez Zoya, P. (2014). "El espacio controversial de los sistemas complejos". *Estudios Filosóficos*, (50): 103-129.

Rodríguez Zoya, L.; Roggero, P. y Rodríguez Zoya, P. (2015). "Pensamiento complejo y ciencias de la complejidad. Propuesta para su articulación epistemológica y metodológica". *Argumentos*, 28(78): 187-206.

Rodríguez Zoya, P. (2011). "La emergencia de los problemas de complejidad organizada en la historia de la ciencia contemporánea". En Rodríguez Zoya, L. (Ccoord.). *Exploraciones de la complejidad. Aproximación introductoria al pensamiento complejo y a la teoría de los sistemas complejos* (pp. 35-39). Buenos Aires: Centro Iberoamericano de Estudios en Comunicación, Información y Desarrollo.

Rodríguez Zoya, P. (2015). "Cuando comer concierne a modos de ser-sujeto y potenciar la salud. Un análisis de mecanismos de subjetivación de la medicalización alimentaria en discursos publicitarios de alimentos". En Petracci, M. (coord.). *La salud en la trama comunicacional contemporánea* (pp. 85-98). Buenos Aires: Prometeo.

Rose, N. (2012). *Políticas de la vida. Biomedicina, poder y subjetividad en el siglo XXI*. La Plata: UNIPE.

Saussure, F. ([1916] 2005). *Curso de lingüística general*. Buenos Aires: Losada.

Sfez, L. (2008). *La salud perfecta. Crítica de una nueva utopía*. Buenos Aires: Prometeo.

Tomasello, M. (2007). *Los orígenes culturales de la cognición humana*. Buenos Aires y Madrid: Amorrortu.

Verón, E. (1987). *La semiosis social. Fragmentos de una teoría de la discursividad*. Buenos Aires: Gedisa.

Vizer, E. (2006). *La trama (in)visible de la vida social. Comunicación, sentido y realidad.* Buenos Aires: La Crujía Ediciones.

Voloshinov, V. (1973). *El signo ideológico y la filosofía del lenguaje.* Buenos Aires: Nueva Visión.

Weaver, W. (1948). "Science and Complexity". *American Scientist,* (36): 536.

2

Mediaciones posmodernas:
la atención *online* de la salud

Patricia Karina Natalia Schwarz

Actualmente las lógicas de construcción de sentido y de las experiencias significativas de la vida están atravesadas por las Nuevas Tecnologías de Información y Comunicación (NTIC). Diferentes características son distintivas y afines a la vida en aquellas comunidades usuarias de estas tecnologías: hegemonía del valor de la información –el manejo de datos–, velocidad, experiencia en la superficie, interconexión, globalidad de los procesos sociales, hegemonía del lenguaje de las computadoras y de los países centrales que son los que iniciaron, junto con las lógicas de producción de la Modernidad Tardía, estos modelos de inteligibilidad.

En este momento histórico de valores globales y eclécticos, la relación médico-paciente adquiere una enorme diversidad de formas de expresión simultáneamente, la virtual es una de ellas, que será analizada en este trabajo. Desarrollamos aquí un análisis de la especificidad que las relaciones virtuales representan en tanto forma de sociabilidad y tipo de producción de significados, por medio de un nuevo lenguaje y prácticas que estructuran cuerpos y subjetividades en el campo de la gestión de la salud individual y colectiva.

En el contexto de reducción del espacio de consulta en pos de la optimización económica del recurso humano y tecnológico del mercado de la biomedicina, la interacción virtual entre médicos y pacientes es muy apropiada para lograr estos fines, pues sus restricciones acotan las dimensiones y la profundidad de estos encuentros. Así, una persona puede estar preparada para un compromiso en lo virtual pero no en el cara a cara y viceversa (Turkle, 1995). Estas posibilidades que ofrece el ciberespacio resultan atractivas también para atender el crecimiento de la demanda de atención a partir del progresivo envejecimiento de la población (Jung, 2009), del costo de la atención/tratamiento de enfermedades de larga duración y de la medicalización/medicamentalización/patologización de la vida cotidiana. En las últimas décadas los organismos internacionales han promovido el uso de NTIC entendiéndolas como factor de desarrollo económico, de inclusión social y un medio para evitar inequidades en el acceso a la salud.

Sin embargo, del mismo modo que en investigaciones cualitativas en Argentina (Schwarz y Mendes Diz, 2013), en relevamientos cuantitativos en Estados Unidos, los investigadores observan que las brechas socioeconómicas se profundizan en el espacio virtual; el solo hecho de que haya información o programas de atención de salud en Internet no elimina las inequidades, las diferencias socioeconómicas se trasladan a las posibilidades de acceso a Internet y a la forma de utilizar este recurso (Lustria *et al.*, 2011).

Dialogar con un médico a través de un dispositivo tecnológico no es lo mismo que hacerlo cara a cara; por muchas razones, entre otras porque el dispositivo tiene entidad propia: impone un lenguaje, un escenario de interacción (la pantalla por ejemplo), una iconografía específica, tiempos propios (no solo referido a lo que demora en enviar el mensaje el dispositivo sino también a la posibilidad que da a los interactuantes de demorar la respuesta y considerarla antes de enviarla), una lógica de interacción a través de la interfaz (pantalla, teclado, micrófono, cámara, etcétera), incluso acota el mensaje mismo de acuerdo con la capacidad del dispositivo (mensaje de WhatsApp, correo electrónico, etcétera). Así, es necesario considerar que Internet es un espacio que no está libre de reglas, rituales y estilos de comunicación, y está permeado, también, por la cultura cara a cara (Boy, 2008). Tal como afirma Sherry Turkle (1995: 261):

> Como en *La montaña mágica* de Thomas Mann, que tiene lugar en un sanatorio aislado, las relaciones se hacen más intensas con mucha rapidez porque los participantes se sienten aislados en un mundo remoto y poco familiar con sus propias reglas. Los lugares electrónicos de reunión pueden engendrar una especie de intimidad fácil. En una primera fase se puede sentir que la relación se profundiza con rapidez y la sensación de que el tiempo se acelera.

A continuación abordamos los procesos históricos de la Modernidad Tardía que han permitido el advenimiento de las lógicas y tecnologías estudiadas aquí, luego analizamos las NTIC en tanto paradigma de inteligibilidad y, por ende, de subjetivación; luego abordamos la especificidad de la interacción *online* entre médicos y pacientes; finalizamos el texto con algunas reflexiones e interrogantes.

El proyecto de la Modernidad Tardía, devenir y transformaciones

El término Modernidad Tardía alude a los procesos históricos desarrollados en las últimas cuatro décadas aproximadamente y se refiere a una profundización de los patrones propios de la Modernidad, cuyo advenimiento abre la puerta a un conjunto de transformaciones radicales en todos los campos de la vida social e individual. Algunas pistas para comenzar a comprender sus características particulares se relacionan con un complejo conjunto de factores políticos, económicos, tecnológicos e intelectuales. Como tendencias que abarcaron estos campos de manera integral, el movimiento político-ideológico iluminista del siglo XVIII, las revoluciones francesa y norteamericana coadyuvaron al paso de una fundamentación de legitimación sagrada a una secular; instalaron la legitimidad de la objetividad científica, la universalidad moral y legal, la autonomía del arte, la importancia del lenguaje, la confianza en el progreso a partir de un movimiento secular. Además, la dominación científica de la Naturaleza prometía la liberación respecto de la escasez y de los desastres naturales. También, el desarrollo de doctrinas de igualdad, libertad, y la racionalidad humana prometían la liberación de la irracionalidad de la superstición, del mundo mitológico, religioso y del uso arbitrario del poder, así como del costado oscuro de la propia naturaleza humana. Estas transformaciones se extienden a las nuevas condiciones de producción (maquinarias, fábricas, urbanización), consumo (crecimiento de mercados masivos, publicidad) y circulación (nuevos sistemas de transporte y comunicaciones). Tal como afirma Ulrich Beck (1999: 9):

> La pregunta reza: ¿qué es la Modernidad? La respuesta es: no solo racionalidad orientada a un fin (Max Weber), explotación del capital (Karl Marx), diferenciación funcional (Talcott Parsons, Niklas Luhmann), sino también, como complemento y en conflicto con ello, libertad política, sociedad civil. La clave de esta respuesta es que el sentido, la moral, la justicia no son magnitudes dadas de antemano a la sociedad moderna y, en cierto modo, extraterritoriales. Muy por el contrario, la Modernidad cuenta en sí misma con una fuente de sentido autónoma, activa, muy antigua y, a la vez, de una gran actualidad: la libertad política. Esta libertad, sin embargo, no se agota por el uso activo, sino que, por el contrario, brota con mayor vigor y dinamismo. Modernidad significa, pues, que un mundo de seguridad tradicional se hunde y en su lugar aparece –si todo sale bien– la cultura democrática de un individualismo para todos, jurídicamente sancionado.

La reivindicación de la libertad en la vida social e individual propia de la Modernidad se inscribe en relaciones de poder, por ello implicó también la necesidad de la instauración de la igualdad; pues permite evitar que los individuos limiten la libertad mutua en el aprovechamiento de

diferencias que privilegien las condiciones de unos sobre
otros. Ahora bien, esta igualdad no se corresponde ni con
el orden social, político y económico, ni con el natural;
dado que la igualdad tampoco puede generarse solamente
por medios coercitivos, artificiales; es necesaria la presencia
de la fraternidad, la solidaridad, para establecer a través de
una suerte de contrato entre los miembros de la sociedad
esa igualdad necesaria para mantener los cánones más altos
de libertad posible. La sujeción al dominio de las instituciones tradicionales es reemplazada, así, por la sujeción a
un contrato entre individuos libres e iguales para vivir en
sociedad (Simmel, [1917] 2002; Martuccelli, 2007). El nacimiento de la igualdad implica una apertura a la alteridad y la
intercambiabilidad potencial de posiciones relacionales en
la estructura social. La superioridad ya no se da por orden
de la naturaleza o de la voluntad de Dios, sino que tiene que
ser practicada y adquirida bajo estas condiciones. La era de
la igualdad es la era de un diálogo forzoso entre culturas, en
un sentido totalmente cotidiano, y de la profunda pérdida
de seguridad que esto provoca a partir de lo inesperado,
lo imprevisible, lo incontrolable. Significa, no el fin de la
diferencia, sino una lucha general por su reconocimiento.
Tocqueville (en Beck, 1999), llama a este proceso la "era
de la homogeneidad". Heterogeneidad significa ontologi-
zación de la diferencia; homogeneidad significa el fin de
las diferencias ontológicas. La era de la homogeneidad es
ampliamente conciliable con las desigualdades, con diversidad, inconformismo, dominación y obediencia, pobreza y
riqueza (Beck, 1999; Martuccelli, 2007). La doctrina de la
libertad y de la igualdad es la base de la libre competencia,
mientras que la de las personalidades diferenciadas es la
base de la división del trabajo (Simmel, [1917] 2002).

Así constituido, el modernismo parte de un criterio
positivista, tecnocrático, racionalista, con una creencia en
el progreso lineal, en las verdades absolutas, con un planea-
miento racional del orden social ideal y una estandarización
de los conocimientos y de la producción. La Modernidad

une a toda la humanidad, de modo paradójico, pues a la vez la desune; la derrama en un torbellino de desintegración y renovación, de lucha y contradicción, de ambigüedades y angustias. Lo único seguro en la Modernidad es su inseguridad, su inclinación al caos totalizador. Lo moderno encierra un sentido de lo efímero, fugaz, fragmentario y contingente. El espíritu moderno no respeta su propio pasado, su misma condición de transitoriedad hace difícil preservar un sentido de continuidad histórica. El significado de la historia, en este marco, debe ser interpretado desde el cambio permanente y desde las interminables rupturas y fragmentaciones consigo misma (Harvey, 1990; Beck, 1999).

Otra de las transformaciones propias del proyecto iluminista que dio origen al modernismo se relaciona con la creación de una nueva organización racional del espacio dedicado al control social y la represión de la subjetividad y el deseo. A su vez, la aparición del teléfono, el telégrafo, la bicicleta, el automóvil, el avión, el cine, la televisión, la expansión de las vías de ferrocarril, entre otros, alteraron la percepción del tiempo-espacio. Algunos de estos elementos incluso conectan la vida pública con la vida privada irrumpiendo en los hogares. El desarrollo de las comunicaciones relativizó la noción de espacio y volvió más veloces y fragmentados los intercambios interpersonales, a la vez generó ansiedad por la estrecha proximidad en que suponía la relación entre los individuos. Este proceso, a su vez, diferenció a aquellos que podían acceder a estas tecnologías de quienes no podían hacerlo, contribuyendo al control social y la diferenciación de clase.

La adhesión a estos preceptos modernos se estructuró en torno a la fe en su capacidad de proveer progreso ininterrumpido, libertad y bienestar. Sin embargo, las luchas de clase evidenciadas de 1848 en adelante y durante el siglo XX, con sus dos guerras mundiales (amenazas de aniquilación global nuclear y miseria), dieron por tierra estas optimistas expectativas modernas. Se abre así la sospecha de que el proyecto iluminista estaba predestinado a volverse en contra de sí mismo y transformar la búsqueda por la emancipación humana en un sistema mundial de opresión en nombre de la liberación. Ante la incertidumbre, las biografías del bienestar se convierten en biografías de riesgo (Harvey, 1990; Beck, 1999; Baricco, 2008). La "semántica del riesgo", como la llama Ulrich Beck (2008), alude al proceso de incertidumbre y cambio permanente, propios de la Modernidad, donde los riesgos resultan a menudo de los éxitos de la civilización.[1] Así, Beck (2008) con el término "sociedad del riesgo" describe una época –aproximadamente desde 1970 hasta hoy– de profundización de las pautas modernas y de descontento y temor frente a las consecuencias del éxito de la modernización. Este tipo de riesgo construye un lenguaje propio que mueve a la acción y es constitutivo de la nueva realidad social global.[2] La vía regia por medio de la cual se instaura como un nuevo lenguaje con fuerza política es la escenificación de la realidad del riesgo mundial. Pues solo haciendo presente el riesgo mundial, escenificándolo, el futuro de la catástrofe resulta actual. Ahora bien, este lenguaje global del riesgo resulta del encuentro o desencuentro de las diferentes culturas y sus diferentes modos de abordarlo, pues si bien es cierto que la modernización permitió que habitemos todos un mismo presente, tal como afirma Beck (2008), no por eso este presente hace pie en un pasado común ni garantiza un futuro compartido.

La mutación es parte de un dilema constitutivo de la Modernidad: la necesidad e implementación de la destrucción de lo anterior para instaurarse provoca una lógica de

---

1   El cambio climático, por ejemplo, es producto del éxito de la industrialización, que desprecia sistemáticamente sus efectos sobre la naturaleza y el ser humano (Beck, 2008).
2   El riesgo es global porque la interdependencia propia de este momento histórico produce un poder multiplicador mundial de todos los procesos –incluso los ecológicos–.

destrucción que también alcanza a la Modernidad misma, sumergiéndola en un proceso de cambio permanente (Harvey, 1990; Beck, 2008).

El proceso de transformación que llevó a la instauración de lo que dio en llamarse postmodernismo o Modernidad Tardía, aproximadamente a partir de 1970, partió de la acción simultánea de varios factores, en reacción a los procesos característicos de la Modernidad, antes descritos.[3] Entre estos factores podemos mencionar la intervención de los movimientos de contracultura y antimodernistas a partir de la década de 1960. Opositores a las características opresivas de la burocracia racional, científica y tecnocrática difundida a través del Estado, las corporaciones y otras formas de poder institucionalizado, estos movimientos exploraron el campo de la autorrealización individualizada desde una política de neoizquierda y de prácticas antiautoritarias, hábitos iconoclastas y razonamiento crítico respecto de los estilos de vida. Esta creciente rebelión comenzó en las universidades, escuelas de arte, grupos feministas y en los centros culturales urbanos, extendiéndose a todo el mundo y provocando un cambio en la estructura de la sensibilidad y la organización social global.

Otro de los factores de transición fue el paso del fordismo a un tipo de acumulación flexible, a través de nuevas formas de organización y tecnologías en la producción. La aceleración en los tiempos de producción dio lugar a la aceleración del intercambio y del consumo. El desarrollo de las tecnologías en comunicaciones junto con la racionalización de las tecnologías de distribución hizo posible que las mercancías circularan a mayor velocidad. En el área del

---

3   Es necesario aclarar que con el término "posmodernidad" no hacemos alusión a una etapa ontológicamente diferente a la Modernidad, sino, por el contrario, a una profundización de los procesos modernos. De esta manera, utilizamos los términos "posmodernidad" y "Modernidad Tardía" como sinónimos.

consumo dos fenómenos fueron de importancia: el desarrollo de un mercado de masas y del consumo de servicios (Harvey, 1990).

Comienza así un proceso de transformaciones estructurales en todos los campos de la vida social e individual: la compresión del espacio y del tiempo, a partir de lo cual las experiencias del pasado son comprimidas en un abrumador presente que aborda los fenómenos de la realidad en términos de permanente simultaneidad. Esta mutación se refiere a una idea distinta de qué es la experiencia, y un emplazamiento diferente del sentido en el tejido de la existencia, donde el pasado solo es relevante en tanto puede conectarse con el presente (Harvey, 1990; Bauman, 2003; Baricco, 2008). Para resumir este proceso, Harvey (1990) afirma que el modernismo es devenir y el posmodernismo es ser. Sin embargo, a pesar de que existe una continuidad en la condición de fragmentación, relativismo, de lo efímero, y de cambio caótico, entre el modernismo y el posmodernismo, ello no quiere decir que este último sea solo una versión del primero, sino que estas ideas estaban en estado latente en el primer período y se volvieron explícitas y dominantes en el siguiente.

Esta nueva sociedad postindustrial se sumerge en un sistema racionalizado y masivo de consumo de bienes, pero sobre todo, de imágenes y signos. En este marco, las diferencias jerárquicas se mantienen pero ya no se basan única o fundamentalmente en la distinción de clase o de ocupación, sino en un contexto de fuerte individualismo, parten de las apariencias y se basan en las posesiones, en los estilos. El ámbito urbano en particular está en vías de disolver las homogeneidades, se presenta como un gran teatro en el que cada sujeto puede diseñar sus propias performances de acuerdo con su imaginación y necesidad, las identidades individuales se vuelven fluidas, flexibles, cambiantes; abiertas a la transformación constante y a la imaginación. Así como esta posibilidad genera mayores libertades, también genera mayor estrés e incertidumbre. Se trata de un profundo cambio en las estructuras sentimentales. Las apariencias y la superficialidad se vuelven la lógica fundamental de estos constructos simbólicos (Harvey, 1990; Martuccelli, 2007). La revolución tecnológica, la revolución lingüística, el imperialismo estadounidense y el comercio masivo coadyuvaron a que las expresiones culturales se difundieran con rapidez y masividad, a través de la generalización de una lengua simple, rompiendo con los privilegios de acceso sobre el arte. Este proceso pierde en el camino la profundidad de los sentidos, su complejidad, su historia. Habitando la superficie se fortalece la fluidez de las secuencias de conexión entre tramas de experiencia, condición indispensable para la construcción de sentido (Baricco, 2008).

El posmodernismo privilegia la heterogeneidad, las diferencias y el pluralismo como fuerzas liberadoras en la redefinición de los discursos culturales. Individuación, ambivalencia y vacío, fragmentación, indeterminación y una intensa desconfianza de los discursos totalizadores o universales. Se reconfiguran viejas dicotomías, poniéndolas en diálogo: espacio público versus espacio privado, esencia versus superficie, entre otros. Contrariamente al proyecto iluminista, el posmodernismo propone reafirmar a Dios sin abandonar los poderes de la razón. Pues, según la idea moderna, la razón niega a Dios y los valores morales y espirituales que conlleva; entonces, si la lujuria y el poder son los únicos valores que no necesitan la razón para ser descubiertos, la razón se vuelve un mero instrumento para sojuzgar a otros. La posmodernidad podría ser caracterizada como aquella que impone a los individuos el comprenderlo todo y animarse a todo (Beck, 1999; Martuccelli, 2007; Baricco, 2008).

A su vez, la democracia tiene muchos rasgos típicos de la posmodernidad y viceversa. Por ejemplo, la idea de dispersar el sentido (poder) sobre la superficie de muchos puntos equivalentes (ciudadanos) en vez de mantenerlo anclado en un único punto sagrado (el rey, el tirano). La idea de que el poder sea entregado no al más noble, ni tampoco al mejor

o al más fuerte, sino al que se dirigen más *links* (el más vota-
do). La idea de que el poder no tiene legitimidad vertical
(rey elegido por Dios), sino que tiene legitimidad horizon-
tal (consenso de los ciudadanos). La velocidad con que la
democracia pone en juego el poder (cuatro años presiden-
ciales, no siglos de una dinastía o décadas de un tirano).

En la posmodernidad, el sentido se desarrolla en el
movimiento, en las secuencias de conexión entre diferentes
fragmentos de mundo. Esta noción deja fuera del interés
la categoría de origen, pues se trata de un punto inmóvil,
en tanto no sea útil para un presente en movimiento; solo
de esa manera puede resultar interesante. Las cosas no son
en sí mismas, sino que se definen en relación con lo que se
transforman (Baricco, 2008).

En la nueva modalidad de producción, la instanta-
neidad y la disponibilidad son elementos muy valorados a
partir de una dinámica de descarte de bienes, estas características se vuelven necesarias. La cultura de lo descartable
comienza a extenderse desde la relación con los bienes a las
relaciones amorosas, valores, estilos de vida, entre otros. A
través de estos mecanismos, los individuos se ven forzados
a hacer frente a la exigencia de disponibilidad, novedad y
la perspectiva de una instantánea obsolescencia. El cambio permanente y la sobrecarga de estímulos obligan a los
individuos a adaptarse a una alta volatilidad y dificulta el
compromiso con proyectos a largo plazo. Esta actitud es
alentada por la publicidad y los medios de masas, de tal
manera que las imágenes ya son ellas mismas mercancías.
La preponderancia de la ética le deja lugar al dominio de la
estética. El consumo masivo se constituye como experiencia central de legitimación e integración; sin embargo, el
coagulante social por excelencia es la libertad política. En
este contexto, el futuro tiene el sello de lo aleatorio dada
la condición de desempleo masivo y precarización de las
situaciones de trabajo a nivel mundial (Harvey, 1990; Castel,
1997; Beck, 1999; Bauman, 2003).

Como consecuencia de la incertidumbre y el cambio permanente, el individuo se busca a sí mismo, con la expectativa de encontrar en su yo el único punto de apoyo sólido (Simmel, [1917] 2002; Martuccelli, 2007). Este centramiento de la experiencia desde y hacia el individuo es solidario con el paradigma subjetivo *online*. El lenguaje digital, como todo lenguaje, tiene carácter performativo, "la performatividad debe entenderse, no como un acto singular y deliberado, sino, antes bien, como la práctica reiterativa y referencial mediante la cual el discurso produce los efectos que nombra" (Butler, 2005: 18). Así, la *performance* puede ser entendida como pedagogía, en tanto reproduce y produce a la vez individual y colectivamente una enseñanza y un aprendizaje.

Este aprendizaje de los criterios de sociabilidad *online* imbrica la vida material con la virtual. Si bien por un lado las condiciones en que se habita el ciberespacio, mediante la acción sobre una computadora, refuerzan la sensación de control del usuario sobre lo que ocurre allí, por otro lado, Internet resulta un dispositivo de control sobre las acciones y discursos expuestos, por medio de sus condiciones de interacción. Es por ello que se establece una compleja trama de control en la que la reproducción normativa negocia con la creación de nuevos sentidos en esta arena de una pedagogía virtual.

Así, la legitimidad del espacio de sociabilidad online le da fuerza regulatoria y normativa a sus contenidos. La misma operatoria del dispositivo implica una construcción intersubjetiva del mismo, en Internet los usuarios son consumidores y productores a la vez. Estas características distintivas del mundo digital *online* constituyen un paradigma de sentido que articula con las lógicas posmodernas. Es por ello que a continuación desarrollamos esa dimensión de análisis.

Las nuevas Tecnologías de Información y Comunicación en tanto paradigma

La novedad de la comunicación virtual remite a nuevas estructuras cognitivas de construcción simbólica. En la realidad mediatizada por las tecnologías el sujeto se vuelve un observador de segundo orden, pues observa lo observado por la tecnología; es decir, la representación se convierte en referencia de lo representado (Schultz, 2007). Margarita Schultz (2007: 153) da cuenta de este nuevo tipo de comunicación a través del concepto de "socialización link" en cuanto que "se caracteriza, en su acción de enlazar fracciones de información, por su agilidad, fragmentación, superficialidad y dispersión". De este modo, las NTIC son socializadoras en tanto polo de identificación colectiva, matriz de estructuración de representaciones sociales, de afectos y de finalidades de acción (Cabrera, 2006). Su nombre tiene carácter performativo en cuanto gesta su propia hegemonía vinculándose con nociones modernas aún vigentes, tales como el criterio de temporalidad en tanto linealidad: nuevo tiempo, nueva sociedad; subyace un criterio de progreso inmanente a una temporalidad propia de la nueva y luminosa sociedad frente a la antigua oscuridad. La tecnología ejerce una capacidad simbólica para ser invocada como siempre nueva, dando origen a una sociedad nueva. Como todo discurso político con aspiración de ser hegemónico, desde sus orígenes, las NTIC han desarrollado una narrativa de análisis de actitudes en relación con su consumo en tanto afiliados o detractores: amigos/enemigos (Cabrera, 2006).

Esta mediación es constitutiva de los canales de representación simbólica en la interacción entre el médico y el paciente. Tal como afirma Schultz (2007), las experiencias virtuales intensifican el orden simbólico por tratarse de una realidad que el sujeto experimenta virtualmente: el médico no está ahí físicamente, pero sí lo está virtualmente, es como si estuviera pero no lo está. Esta situación requiere un grado de abstracción para comprender el proceso.

Estas lógicas estimulan y añaden carriles de acción específicos a la vida social y subjetiva. La inserción de la alta tecnología en la vida cotidiana provoca que sus consumidores estén en un estado de atención parcial continua, donde siempre se está ocupado, atento a todo pero sin centrarse en algo concreto. La atención parcial continua es diferente a la multitarea, pues en esta se tiene un objetivo para cada acción en la que se intenta mejorar la productividad y la eficacia. Por el contrario, cuando la mente trabaja de forma parcializada y de manera continuada, se busca cualquier contacto en cualquier momento, conectado a la atención periférica. No hay tiempo para reflexionar, considerar o tomar decisiones profundas; la sensación que se produce es de crisis constante: atentos a la aparición en cualquier momento de un contacto nuevo o de alguna noticia o información (Small y Vorgan, 2009).

Estas prácticas son solidarias con novedades en la interacción social. La plétora de información que se vuelca en las vías de comunicación virtuales hace muy inestable su realidad cotidiana, facilitando un estado de cambio constante. Así, por ejemplo, la sociabilidad *online* tiene como particularidad, entre otras cosas, la facilidad de no compromiso y la ruptura a voluntad. En la lógica de red la conexión y desconexión son legítimas y de fácil acceso, se turnan y combinan incesantemente trazando la trama de la navegación virtual (Boy, 2008). Tal como afirma Paula Sibilia (2008), estas tecnologías generan desplazamientos en las formas de construcción de subjetividad, de fragilidad e inestabilidad del yo visible, exteriorizado y alterdirigido.

Si bien la desterritorialización se asocia a las NTIC, estas tienen un correlato en un proceso de territorialización de la brecha social, que vincula el espacio con los soportes materiales y de recursos humanos que permiten el uso de este tipo de tecnología (Vio y Fritzsche, 2003). De este modo, el cuerpo queda localizado en la computadora, estructurando así la configuración de sentido de su experiencia también. Las NTIC pueden resultar un dispositivo que disciplina cuerpos y a través de este disciplinamiento configura subjetividades. El poder de la experiencia otorga al sujeto la capacidad de operar sobre la configuración de sentidos otorgados a la propia identidad, subjetividad y cuerpo en tanto diferentes momentos de un mismo movimiento. Según Maurice Merleau Ponty (1975), la experiencia configura las percepciones, en tanto estas son resultado de una sinergia de sentidos (olfato, tacto, vista, entre otros). Asimismo, la experiencia es mediada por el sentido y este cobra vida en la interacción social. De esta manera, la configuración de significados se produce en la interacción de las propias experiencias con las de los otros. La construcción de sentido es inseparable, entonces, de la subjetividad e intersubjetividad. En sus términos, la experiencia es la forma de acceso al conocimiento y al lenguaje. De tal modo que el sujeto resulta una potencia que co-nace (co-noce) a un cierto medio de existencia o se sincroniza con él. Se trata entonces de la experiencia de un mundo, no en el sentido de un sistema de relaciones que determinan por entero cada acontecimiento, sino en el sentido de una totalidad abierta, cuya síntesis no puede completarse (Merleau Ponty, 1975). Abordamos así estos nuevos modos de construir subjetividad desde una perspectiva integral del cuerpo y las emociones, desde el concepto de experiencia de Maurice Merleau Ponty (1975). Según este autor, el sujeto y el mundo se relacionan a partir de su mutua imbricación. De este modo, rompe la dicotomía sujeto/objeto, pues el sujeto cognoscente es parte de lo conocido, coexisten y por esta cualidad es que el sujeto puede relacionarse con el mundo a través de la experiencia perceptiva. El sujeto es la experiencia que encarna. Así, habitar el mundo es conocerlo, el sujeto encarna el cuerpo mundo. Se trata de una experiencia prediscursiva pero a la vez es constituida/constituyente por/del lenguaje, ya que la configuración de sentido también tiene lugar en la experiencia corporizada pensada esta de modo integral junto con su entorno. Tal como afirma Adrián Scribano (2010: 3):

La política de los cuerpos, es decir, las estrategias que una sociedad acepta para dar respuesta a la disponibilidad social de los individuos es un capítulo, y no el menor, de la estructuración del poder. Dichas estrategias se anudan y son fortalecidas por las políticas de las emociones tendientes a regular la construcción de las sensibilidades sociales.

De modo coherente con la impronta de cada era, los procesos socializadores en la Modernidad entrenaban en la administración del cambio, mientras que en la Modernidad Tardía desarrollan la creatividad para producir innovaciones constantes (Urresti *et al.*, 2015). Estas lógicas coinciden y se refuerzan con la operatoria de las NTIC, las cuales son inherentes a este paradigma. Estas herramientas permiten la interconexión en red, personas que consultan sobre las enfermedades que padecen, sobre dudas acerca de problemas de pareja, sobre estrategias laborales, sobre la vida en general. Sin embargo, a pesar de que pareciera que las redes son las protagonistas en estas prácticas, la unidad ontológica e interpretativa en las NTIC es el individuo, el yo.

En este escenario, la capacidad de agencia depende, entre otras cosas, de la posesión diferencial de los recursos. La vida social se traslada al ciberespacio y con ella acarrea las diversas dimensiones en las que se manifiesta.

Los sistemas digitales median en la comprensión del mundo a través de la modalidad de interfaz. En este escenario, dos dispositivos técnicos de comunicación asumen un rol central: la pantalla y la interfaz técnica. Esta última pone de manifiesto la transformación de la cultura basada en la escritura, en las estructuras narrativas logocéntricas y los contextos físicos hacia la cultura digital orientada a lo visual, sensorial, retroactivo, no lineal y aparentemente inmaterial. La pantalla, por su parte, en tanto vincula al humano con la máquina, estimula la participación intuitiva mediante la visualización y la percepción sensorial de la información digital. La interacción se da con la representación del mundo, no con el mundo mismo, se trata de una experiencia mediada, una forma en que la experiencia subjetiva se perfila en la pantalla. El poder de la imagen técnica conlleva la pérdida del posicionamiento central del individuo en un mundo iconofílico. En la pantalla el sujeto es un observador de segundo orden pues construye su realidad sobre la realidad construida por los medios tecnológicos (Giannetti, 2007). Tal como describe Margarita Schultz (2007: 145), la pantalla acopla lo visual a la interfaz:

> Dos dispositivos técnicos de comunicación asumen un notable protagonismo en la cultura digital: la pantalla y la interfaz técnica. La interfaz humano-máquina propicia cambios radicales respecto a las formas de comunicación basadas en medios digitales y telemáticos, entre los cuales podemos señalar el replanteamiento del factor temporal (tiempo real, tiempo simulado, tiempo híbrido, simultaneidad); el énfasis en la participación intuitiva mediante la visualización y la percepción sensorial de la información digital; la generación de efectos de translocalidad y de inmersión; y el acceso a la información mediante sistemas de conexión ramificada; de nexos o asociaciones pluridimensionales. La interfaz humano-máquina repercute en la propia comprensión de la arquitectura de la comunicación, dejando de ser una metáfora de la construcción del lenguaje que define un campo concreto, para asumir una dimensión inmaterial e inestable, no supeditada a un espacio físico y a un tiempo secuencial determinados. Por otra parte, la interfaz técnica pone de manifiesto la transformación de la cultura basada en la escritura, en las estructuras narrativas logocéntricas y los contextos físicos, hacia la cultura digital orientada a lo visual, sensorial, retroactivo, no-lineal e inmaterial.

El crecimiento del mundo *online* es constante, parte importante de este proceso es la búsqueda de inclusión masiva en el mundo virtual como política de mercado y dominio geopolítico; en lo referido específicamente a personas excluidas y pobres, su inclusión en el mundo virtual fue un objetivo de Naciones Unidas en el año 2000, así como de otros organismos internacionales.

Frecuentemente los análisis sobre el uso de las NTIC se preguntan si la comunicación a través de la computadora podría ofrecer la posibilidad de invertir los tradicionales juegos de poder en el proceso de comunicación; considerando por ejemplo que una de las novedades de la sociabilidad *online* radica en que los usuarios de Internet son consumidores y productores a la vez (Castells, 1999; Urresti *et al.*, 2015). Sin embargo, observar que las brechas de diferenciación socioeconómica, étnica, etaria, geográfica, idiomática, generan y se refuerzan con las brechas digitales, permite suponer que por el momento no será así (Schwarz y Mendes Diz, 2013). Según Jorge González (2008), diversos estudios demostraron que la relación entre el tamaño del Producto Interno Bruto (PBI) de un país y la densidad de la tecnología instalada son directamente proporcionales. Castells (1999) también afirma que las NTIC proponen un modelo cognitivo común, el problema aquí es que si se está por fuera de ese modelo la consecuencia es la marginación. Esto puede observarse en los hallazgos de la Encuesta Nacional de Consumos Culturales y Entorno Digital (ENCC, 2013) realizada por el Sistema de Información Cultural de la Argentina (Ministerio de Cultura de la Argentina), la diferencia en cuanto a conexión y uso de Internet entre la población de nivel socioeconómico bajo y la de nivel socioeconómico alto es de aproximadamente tres veces mayor en este último grupo. Los usuarios de nivel socioeconómico alto, medio alto y medio (95%, 87% y 78% respectivamente) y de edades más bajas (93% de 12 a 17 años) y habitantes de la región central del país son los que más utilizan PC. El porcentaje de uso en el siguiente rango etario (de 18 a 29 años) es del 90% y salta a 75% de 30 a 49 años. Entre aquellos que no usan computadora, la mayoría afirma que no lo hace porque no tiene el dispositivo (43%), le sigue en cantidad de casos la respuesta: porque no aprendí a usarla (29%). Estas dos respuestas son más frecuentes en los sectores socioeconómicos más desfavorecidos. Asimismo, la computadora es el dispositivo tecnológico que más se extendió en los últimos tiempos en Argentina: el 71% de los argentinos tiene PC (en este dato podemos estar observando el impacto del Programa Conectar Igualdad, en el que el Estado distribuyó desde 2010 computadoras a alumnos de colegios de todo el país), el 68% es usuario, el 65% se conecta a Internet y el 60% tiene conexión en su casa. El tiempo promedio de uso de la computadora es de 2 horas y media diarias. Es de destacar el protagonismo del teléfono celular en los consumos digitales, el 24% de la población se conecta a Internet a través de los *smartphones*, y el 10% los usa para jugar videojuegos. De los contenidos que se consumen en Internet, las redes sociales se ubican primero, con un 57% de usuarios (46% de uso frecuente). Chequear *mails*, bajar música o escucharla *online* e informarse a través de diarios o de medios alternativos son también actividades muy frecuentes. El 56% se conecta habitualmente desde su casa y el 13% desde su trabajo, el 9% en casa de amigos o familiares y el 6% en la escuela o universidad. Si se considera a Internet como un consumo cultural (en tanto que el pago mensual de los internautas por ese servicio se debe a los contenidos audiovisuales, musicales y escritos ofrecidos), el abono a Internet es el gasto más alto en materia cultural de acuerdo con la mencionada medición.

En cuanto a las características etarias y de sexo de los usuarios, los sujetos de menor rango etario (12 a 17 años) son los que tienen conexión domiciliaria a Internet en mayor proporción (71%), le sigue el rango de 18 a 29 años con el 72% de los casos. En cuanto al grupo de menores de 30 años, 9 de cada 10 suelen usar Internet; y la frecuencia de uso disminuye abruptamente a partir de esa edad (70% en el siguiente rango etario: 30 a 49 años). Asimismo, no hay diferencias en la frecuencia de uso de Internet según sexo.

En términos generales, en Argentina las variables que mayor influencia ejercen sobre el grado de acceso al uso de celular, computadora e Internet son el nivel de instrucción alcanzado y la edad (ENTIC, 2013). Asimismo, según los datos disponibles de la segunda Encuesta Nacional sobre

Acceso y Uso a las Tecnologías de la Información y la Comunicación (ENTIC) en hogares y personas, desarrollada a mediados de 2015, en Argentina el 61% de los hogares tienen acceso a Internet. Entre el año 2011 y el 2015 se elevó dicho acceso de 48% a 61%. El 76% de los hogares de la Ciudad Autónoma de Buenos Aires (espacio de mayor concentración económica del país) tiene acceso a Internet, a diferencia del 57,2% del conurbano bonaerense (ENTIC, 2016).

De acuerdo con lo expuesto hasta aquí, las NTIC, particularmente Internet entre ellas, representan una transformación en las posibilidades de acceso a la información y la interacción, facilitan el compartir interpretaciones y usos de la información recogida en esos espacios, además de una mayor producción de significados y contenidos. Aspectos de vital importancia en lo concerniente a salud, pues, les otorgan mayor libertad y autonomía a los usuarios de la red para conseguir información y herramientas de abordaje sobre padecimientos, prevención, promoción de la salud, tratamientos de la medicina hegemónica y de las medicinas alternativas. A pesar de ello, es necesario considerar que se trata de una mercancía más del mercado de consumo y como tal solo es accesible a quienes tienen los recursos necesarios: culturales, económicos, tecnológicos. La vida social se traslada al ciberespacio y con ella acarrea las diversas dimensiones en las que se manifiesta, las brechas sociales son una de ellas. Internet se enmarca en criterios culturales previos que en ocasiones retoma y en ocasiones transforma.

Médicos y pacientes en la arena digital

La utilización de este medio para la comunicación médico-paciente se da no solo en el contexto de desarrollo de las NTIC sino también en la ampliación del mercado de consumo de la biomedicina, la creciente patologización de la vida cotidiana para desarrollar ese mercado, y la consecuente saturación de los sistemas de salud (Schwarz, 2014).

En 2005, la Organización Mundial de la Salud (OMS, 2016), en el contexto de la Asamblea Mundial de la Salud de dicho organismo, ha definido el concepto de *eHealth* en tanto uso económico y seguro de las NTIC en apoyo de los diferentes campos de la salud, incluyendo servicios de atención en salud, vigilancia epidemiológica, información y literatura sobre salud, así como de educación para la salud, investigación y conocimiento sobre esta área también. En la misma Asamblea resolvió tener como objetivo complementario promover la cobertura universal de salud para la población mundial. Esto último se apoya en las estrategias de *eHealth* para lograrlo.

Asimismo, la OMS (2016) diferencia el término *mHealth* (*mobile Health*) para referirse al uso de dispositivos de comunicación móviles –teléfonos celulares, aparatología de monitoreo de pacientes, asistentes personales virtuales, dispositivos inalámbricos– para la atención médica en salud pública. El tercer término que utiliza la OMS para especificar las prácticas de *eHealth* es la categoría de *TeleHealth*, que se refiere a la comunicación entre pacientes y profesionales de la salud cuando se encuentran a distancia. Esta interacción puede darse en tiempo real (por ejemplo, a través de un teléfono o video conferencia) o diacrónicamente (por ejemplo, a través de mensajes de correo electrónico). En 2016 la OMS afirma que todas las áreas relativas a *eHealth* en sus países miembro han crecido comparativamente respecto de la encuesta realizada en 2010.

Según resultados de la encuesta sobre *eHealth* de la OMS en 2016, el 58% de los Estados miembro tienen una estrategia de *eHealth*; y aproximadamente el 90% de estas estrategias se vinculan con los objetivos de cobertura universal de salud. Dentro de quienes tienen políticas públicas relativas a *eHealth*, el 90% destina financiamiento específico para ello. Aproximadamente la mitad de los países tiene páginas de Internet con información sobre salud en diferentes idiomas. Tres cuartas partes de los países tienen instituciones que brindan entrenamiento en el uso de NTIC para la atención de salud.

Respecto del objetivo de los sistemas de salud de utilizar NTIC para reducir los costos de atención médica, existen estudios que dan cuenta de que esta mediación genera lo contrario. Por ejemplo, en los casos de búsqueda de información *online*, cuando una búsqueda *online* no es satisfecha por falta de información precisa o por inadecuación respecto de los síntomas, esa frustración estimula la consulta con el profesional médico y/o con pacientes, sobre todo en foros (Vasconcellos-Silva y Castiel, 2009).

Según estudios de la Universidad de Northumbria de Inglaterra, en el marco de búsquedas sobre algún tema específico, el tiempo promedio en el que una persona permanece en una página de salud –antes de pasar a la otra– es de dos segundos. Hallazgos de investigaciones en este sentido vinculan esto al entrenamiento que las NTIC generan en el cerebro en nuevas maneras de aprendizaje, en formato de flashes rápidos y concentrados de información que requieren, del mismo modo, una concentración rápida y fugaz (Small y Vorgan, 2009).

El consumo masivo de la página web Wikipedia, que está entre las cien webs más visitadas, denota la valoración de la información lega en detrimento de la exclusividad de la especializada (Giannetti, 2007). En la mayor parte de América Latina se suma el problema de la ausencia de producción de conocimiento formal situado, razón por la cual adquieren importancia los saberes legos de pares (González, 2008). A partir de las modalidades de certificación de calidad de la información de determinados *sites* que se han desarrollado en la última década, ha crecido la demanda de consumidores en busca de diagnóstico o información en general. Una de las estrategias utilizadas para mejorar la performance de respuesta de estos *sites* es la sofisticación de algoritmos especializados en el reconocimiento de enfermedades. Las ventajas de esta herramienta en la búsqueda de autodiagnóstico son variadas: información adaptada a la demanda, independencia del consumidor en relación con la opinión de un médico, anonimato, entre otras. Los problemas más frecuentes se refieren a la inadecuación de la información hallada, tanto a la realidad del usuario como a la brecha entre el lenguaje lego y el especializado, y recursos de navegación del usuario ineficientes. Este tipo de información indeterminada e insatisfactoria parece estimular la consulta con el especialista, lo que contradice la hipótesis primera de que estas herramientas pueden facilitar la autoadministración de salud y evitar temores infundados y consultas innecesarias que recargan el sistema de salud.

Del mismo modo, también la práctica contradice el primer objetivo de estas herramientas: la libertad de la tutela paternalista de los médicos, pues, generó la necesidad de capacitarse con los especialistas médicos para el ejercicio de esas prácticas libertarias. También este escenario estimula la preferencia por las redes de comunicación con médicos y pacientes. Por un lado, la ventaja de este formato es el buen acceso a fuentes de consulta con informantes de manera personalizada. Sin embargo, los problemas que presenta pueden ser consecuencia de un error en el concepto de *eHealth*, en tanto objeto de interfaces tecnológicas unilaterales, centradas únicamente en la disposición automática de contenidos técnicos. El desafío de la comunicación, en su sentido más amplio, se refiere al encuentro con la alteridad en nuevos formatos de asistencia, orientados a lograr el protagonismo de los pacientes y de la construcción intersubjetiva del acompañamiento en salud (Vasconcellos-Silva y Castiel, 2009). Por otro lado, la capacidad de agencia respecto de la búsqueda de información *online*, y la consecuente toma de decisiones y acciones, deja afuera a la población que no tiene recursos de acceso a Internet. Esta herramienta tiene un aura de libertad de acceso que no se corresponde con la práctica, porque las brechas sociales también se manifiestan en faltas de acceso a iniciativas y satisfacción de necesidades en salud pública en este nuevo espacio. Paradójicamente, al mismo tiempo, la telecomunicación en salud, a través de videos, fotografías y videoconferencias, puede resolver el acceso de personas que no lo tienen por ubicación geográfica (las zonas rurales por ejemplo), por no conocer el idioma local, por ser personas que viven en situación de calle, entre otros casos. En Estados Unidos esto se está implementando desde hace algunas décadas (Whitten, 2006; Bau, 2011).

Para abordar el análisis de las interacciones entre las personas y las NTIC en el área de salud, consideramos una relación de co-construcción de significados, de interpelaciones e interpretaciones mutuas en un marco integral de experiencia. De este modo, coincidimos con Mónica Petracci y Silvio Waisbord (2011: 13) cuando afirman:

> […] rescatamos una visión de la comunicación vinculada con el proceso de participación en la producción e intercambio de ideas y opiniones. No optamos por una visión ortodoxa "informacional/cibernética" de la comunicación que equipara a esta última con la transmisión de información. Tal enfoque, ciertamente muy influyente en la tradición de estudios de efectos de medios desde planteos psicológicos y computacionales comunes en Estados Unidos, ofrece una perspectiva mecanicista y limitada que ignora complejos procesos sociales y políticos de intercambio y formación de sentido social como así también de participación política. Información no es comunicación; puede ser un componente no excluyente de procesos comunicacionales. Tampoco suscribimos a visiones de la comunicación que enfatizan sus raíces etimológicas en el sentido de la búsqueda de lo común y la comunidad. Tales objetivos pueden ser alcanzados pero no son determinados a priori en el proceso comunicacional. Son una posibilidad, no una necesidad, de la comunicación […] Por estas razones, creemos que la comunicación, como disciplina, contribuye con el análisis de la salud como fenómeno social […] Tales focos analíticos remiten a problemáticas que dominan el interés de las ciencias sociales como el poder, la cultura, el orden, el conflicto, el estigma y la discriminación, y la formación

de identidades, entre otros. Tal enfoque es necesario para superar el foco "campañista" de estudiar comunicación/salud principalmente en torno a intervenciones comunicacionales durante períodos determinados. Las campañas son una forma de intervención dentro de un contexto complejo y permanente de comunicación. No existen aisladas sino dentro de un conjunto de prácticas comunicacionales y conocimientos sobre salud a cuyo efecto sinérgico contribuyen.

Existen puntos de confluencia entre las lógicas de funcionamiento de la biomedicina y de las NTIC. La biomedicina representa, entre otras cosas, una herramienta mediante la cual la sociedad capitalista vehiculiza estrategias biopolíticas de control social, a través del disciplinamiento del cuerpo (Foucault, [1978] 1992). Las NTIC tienen una operatoria similar en cuanto al disciplinamiento del cuerpo y las emociones. La Modernidad fragmenta el cuerpo para obtener mayores grados de utilidad y docilidad en la obediencia a las normas. En tanto estrategia de disciplinamiento, dividir al cuerpo en partes permite una escala de control más efectiva, pues no deja nada afuera de este registro: las actividades, tiempos, espacios y partes del cuerpo involucrados organizados en jerarquías logrando una microfísica del poder celular, una anatomía política. Según los términos de Foucault (1989: 140): "[...] es dócil un cuerpo que puede ser sometido, que puede ser utilizado, que puede ser transformado y perfeccionado [...]" a través de técnicas minuciosas que definen cierto grado de adscripción política y detallada del cuerpo. La disciplina en este escenario se convierte en una anatomía política del detalle y produce individualidades con las siguientes características: es celular (en cuanto a la distribución espacial), es orgánica (en cuanto al pautado de las actividades), es genética (en cuanto a la organización del tiempo), es combinatoria (en cuanto a la composición de las fuerzas) (Foucault, 1989). Las webcams y los micrófonos median en la construcción de una corporalidad fragmentada, estos dispositivos muestran una parte del cuerpo sin el espacio físico en el que está ubicado (Boy, 2008).

Asimismo, las relaciones de poder en la interacción entre médicos y pacientes ha sido históricamente materia de preocupación y una dimensión estudiada en profundidad desde diferentes enfoques. El consenso general desde las ciencias sociales indica que existe una asimetría de poder entre ambos a partir de la brecha de conocimiento técnico que el profesional de la salud detenta en contraste con el paciente. El poder de la institución biomédica además se sostiene desde una construcción histórica de confiscación de otros saberes profanos, así como también de su alianza con los dispositivos de control del Estado nación, desde sus orígenes en Occidente. El saber experto de la biomedicina en su operatoria habitual concentra el poder de actuar y decidir sobre los cuerpos de los pacientes dejando un lugar marginal a la acción de estos.

Internet, en tanto espacio de interacción, presenta novedades en su especificidad que desafían las tradicionales configuraciones de poder entre médicos y usuarios del sistema de salud. El ciberespacio permite el acceso a información en salud tanto en el lenguaje del saber experto como en palabras de los mismos usuarios, por este medio incluso pueden compartirse experiencias y consejos entre personas con las mismas dolencias. La información no solo se refiere a la descripción de padecimientos o patologías sino también a tratamientos y estrategias de vinculación con el sistema de salud y con los profesionales que lo conforman.

Si la asimetría de poder entre pacientes y médicos ubica a estos últimos en un lugar privilegiado por detentar un saber experto, el acceso a este saber podría ser un desestabilizador de esa lógica de construcción de poder. Alex Broom (2005) en Australia investigó esta relación entre acceso a información en salud y relaciones de poder, y observó que el acceso a información médica a través de Internet puede ser utilizado como estrategia de empoderamiento de los pacientes y autonomía de estos en los procesos de decisión. Si bien estas posibilidades que Internet permite no les quitan la preeminencia de poder a los médicos, sí imponen una reestructuración de la forma de atención que algunos médicos consultados en su estudio ven como positiva. Estos desarrollaron estrategias para conservar su poder en la entrevista con el paciente (informado por Internet) en tanto forma de adaptarse a estos cambios.

Es necesario considerar que se produce un ida y vuelta entre el cara a cara y lo virtual, donde no se plantean ambas opciones como antinómicas sino como escenarios posibles de acceso que se ajustan a la necesidad del momento y al tipo de expectativa de relación que se va formulando progresivamente.

En el campo de la salud existen fenómenos virtuales que han concentrado la atención y preocupación de organismos de salud pública, así como de investigadores. Un obstáculo en el uso de las NTIC en la atención de salud *online* es el temor de que la información de salud de los pacientes no esté protegida y pueda utilizarse con fines no autorizados o resultar un vehículo persecutorio y categorizante (Small y Vorgan, 2009; Bau, 2011). Es por ello que existen iniciativas legales en diferentes países para garantizar la protección de los datos de salud de los pacientes.

La sobreexposición que estos medios permiten se yuxtapone a otra problemática: la posibilidad de ficcionalizar la propia identidad y la información personal de un modo eficaz y más sencillo que en el mundo cara a cara. Tal como lo describe Erving Goffman (1997), en las situaciones de interacción cara a cara existen dos tipos de comunicación: la información que se da y la que emana, la información que se da de manera controlada y la no controlada. En el escenario virtual de interacción pareciera ocurrir algo parecido en el sentido de que existe una plétora de información circulante difícil de controlar para los sujetos (fotos que toman y publican otros, en reuniones sociales por ejemplo, donde la persona no sabe que ha sido retratada, entre otras situaciones), e información que voluntariamente se comparte *online*. Es un espacio que está en riesgo de quebrarse por la sospecha acerca de la veracidad de lo que se muestra y por la facilidad de terminar con el contacto (Boy, 2008). Siguiendo a Goffman (1997) nuevamente, dentro de las relaciones sociales cara a cara existe una asimetría entre el auditorio y el sujeto actuante. Esta asimetría es consecuencia de los accesos diferenciales a la información de ambas partes. En el mundo virtual, como mencionamos antes, esto puede verse también en la administración de la información propia y la de otros.

El manejo de información del otro y la que se da de uno al otro interviene en las cuotas de poder de ambos interactuantes. Es por ello que es necesario pensar las prácticas, las sensaciones y las decisiones en las interacciones en Internet desde esta perspectiva del poder.

Asimismo, dado que la computadora y la navegación por Internet son potencialmente omnipresentes en todos los espacios (públicos, privados, laborales, de ocio, entre otros), podría pensarse, tal como propone Castells (1999), que la experiencia en la red está diluyendo los límites históricos entre lo público y lo privado y entre el mundo del trabajo y el del ocio. Esto coadyuva a un acercamiento en la interacción entre médicos y pacientes.

Los dispositivos propios del ciberespacio: computadora, pantalla, entre otros, ya son familiares para los usuarios del sistema de salud; en tanto consumidores de NTIC la vinculación con estas se origina en el proceso de *massmediatización* que comienza con el cine y la radio en la época de entreguerras y se consolida con la difusión de la televisión, primeramente con la de aire, abierta y gratuita dirigida a una audiencia indiferenciada que aislada en sus hogares compartía un estímulo común. A partir de la década de los años ochenta, las nuevas tecnologías transforman el mundo de los medios de comunicación; se pasa de la comunicación de masas a la segmentación, personalización e individualización de las prácticas de consumo de estas tecnologías. Con el paso del tiempo y con la posibilidad de acceso por vía satelital, surge la televisión comercial con la privatización de canales y programación basada en *marketing*, orientada a públicos particulares. La televisión por cable supone una transformación tecnológica, cultural y social que da origen a una fragmentación de la audiencia que implica que cada televidente puede armar su propia receta de acuerdo con temas y horarios de interés. El agregado del *zapping* completa un panorama que nos acerca a la lógica de Internet, cuyo origen se remonta a la década de los años cuarenta y sesenta en Estados Unidos, consolidándose en los años setenta. De este modo, la atención se hace más puntual, menos duradera, más cambiante en un contexto de audiencias segmentadas y diversificadas internamente, acompañado por una creciente atomización intrahogareña con varios televisores y computadoras por hogar respondiendo a un modelo de audiovisión individual, en los casos en los que el acceso económico y cultural así lo permiten. En este contexto, Internet resulta un medio comunicativo "a la carta" armado de acuerdo con gustos y necesidades de cada usuario, poniendo fin a la separación entre medios audiovisuales e impresos, cultura popular y erudita, entretenimiento e información. Conecta las manifestaciones pasadas, presentes y futuras (Urresti, 2008; Castells, 1999; Mattelart, 1996).

En lo referido específicamente a *eHealth*, se encuentran registros de iniciativas en telecomunicación[4] con fines médicos a partir de 1959 en Estados Unidos y Canadá. Luego, entre los años sesenta y ochenta se experimentó con nuevos proyectos de telemedicina en los países centrales. Sin embargo, fue la década de 1990 que vio surgir con intensidad esta área de desarrollo de atención en salud,

---

4   El Departamento de Salud y Servicios Humanos de Estados Unidos define el término "telesalud" como el uso de información electrónica y tecnologías de telecomunicaciones para sostener el cuidado clínico a larga distancia, la educación en salud, la salud pública y la administración en salud.

especialmente en lo referido a transferencia y almacenamiento de datos. Un ejemplo paradigmático de este tipo de programas son los monitoreos domiciliarios de personas con enfermedades crónicas (Whitten, 2006).

Reflexiones finales

¿Qué dimensiones de la subjetividad compromete una interacción *online* entre pacientes y médicos?, ¿cómo se reconfiguran las relaciones de poder entre estos actores en este nuevo escenario?, ¿cómo opera el espacio virtual en tanto *locus* de subjetivación? Entre otros, estos son los interrogantes que guiaron el desarrollo de este trabajo; parte de considerar la especificidad de las relaciones virtuales en tanto forma de sociabilidad y tipo de producción de sentidos. Se trata de un fenómeno geopolíticamente situado, el ciberespacio se manifiesta también en la materialidad de los satélites, los cables y el *hardware* que tienen propietarios y creadores; asimismo, se trata de interpelaciones e interpretaciones mutuas en un marco integral de experiencia.

A lo largo de este trabajo hemos abordado la relación entre Modernidad Tardía, NTIC y salud, cuyo conector es el proceso de individuación. Este individuo que se manifiesta desde la Modernidad en Occidente en tanto sujeto hegemónico tiene algunas características que lo hacen funcional para integrar el desarrollo de las diferentes fases del capitalismo: en tanto productor, en tanto consumidor, y últimamente con las NTIC, en tanto productor-consumidor. Dos de sus características distintivas se refieren a su capacidad de autonomía y racionalidad, coincidentemente ambas constituyen el principio y fin en los argumentos que respaldan las iniciativas de atención de la salud *online*. La relación existente entre los procesos mencionados nos permite reflexionar acerca de los constreñimientos de sentido que las estructuras de poder configuran en la experiencia intersubjetiva. En este sentido, los dispositivos comunica-cionales actúan de manera solidaria con los sistemas de control social; Internet en particular, por su carácter inter-activo y –con algunas restricciones que hemos menciona-do– más participativo, se constituye en un campo de con-fluencia heterogéneo donde se dirime la construcción de hegemonía. Hasta el momento esta es lograda a partir de la construcción significativa de sujetos y subjetividades por medio del disciplinamiento de los cuerpos, las emociones, la experiencia. La biomedicina y las modalidades de uso de las NTIC son funcionales a este proceso.

En cuanto a los objetivos de los servicios de salud *online* argüidos por Estados, organismos supranacionales, organizaciones médicas y de personas con diferentes pade-cimientos de salud han tenido grados diversos de éxito. La asimétrica relación entre demanda y oferta de servicios de salud no ha logrado equilibrarse; por el contrario, según estudios en diferentes países occidentales, los déficits que las páginas web sobre salud *online* todavía presentan esti-mulan a que los usuarios consulten en mayor medida al pro-fesional médico, sobre todo para descartar malas interpre-taciones. Tampoco se ha logrado eliminar las inequidades en el acceso a los servicios de salud, pues también se des-prende de investigaciones cualitativas y cuantitativas que las vulnerabilidades sociales se cristalizan en el uso y acceso a Internet en general y a las páginas web sobre salud en par-ticular, dado que para poder lograr un acceso solvente a este recurso en principio es necesario un saber específico, equi-pamiento técnico y tecnológico, conocimiento del idioma inglés y conexión a la red, entre otros recursos. El hetero-géneo acceso a estos recursos mínimos para poder navegar en el ciberespacio manifiesta las relaciones de desigualdad del espacio físico según etnia, sexo, género, clase social, nivel educativo, entre otras. La emergencia del ciberespacio no salda por su existencia misma las deudas sociales que ha heredado, quizás ese sea el primer paso necesario para poder comenzar a transitar con éxito algunos de los objetivos que la atención de la salud *online* propone.

Las NTIC plantean nuevos escenarios de situación en los que las culturas y sus mitos pueden entrar en contacto modificándose mutuamente, aportándose nuevas miradas y cuestionando las previas. Frente a la estandarización identitaria y de estilos de vida que plantean estas tecnologías de modo articulado con las lógicas y los mercados de consumo, se gestan nuevas configuraciones simbólicas y normativas a partir del contacto y confluencia de diferentes culturas en el ciberespacio.

Referencias bibliográficas

Baricco, A. (2008). *Los bárbaros. Ensayo sobre la mutación.* Barcelona: Anagrama.

Bau, I. (2011). "Connected for Health. The Potential of Health Information and Communication Technologies to Reduce Health Care Disparities". *National Civic Review*, Fall.

Bauman, Z. (2003). "De peregrino a turista, o una breve historia de la identidad". En Hall, S. y du Gay, P. (comps.) (2003). *Cuestiones de identidad cultural.* Buenos Aires: Amorrortu.

Beck, U. (1999). *Hijos de la libertad.* Buenos Aires: Fondo de Cultura Económica.

Beck, U. (2008). *La sociedad del riesgo mundial. En busca de la seguridad perdida.* Barcelona: Paidós.

Boy, M. (2008). "Significaciones y usos del espacio virtual en hombres gays de Buenos Aires". En Pecheny, M.; Figari, C. y D. Jones (comps.). *Todo sexo es político. Estudios sobre sexualidades en Argentina.* Buenos Aires: Ediciones del Zorzal.

Broom, A. (2005). "Medical Specialists' Accounts of the Impact of the Internet on the Doctor/Patient Relationship". *Health: An Interdisciplinary Journal for the Social Study of Health, Illness and Medicine*. London, Vol 9 (3): 319-338. Recuperado de online.sagepub.com (consulta: mayo de 2015).

Butler, J. (2005). *Deshacer el género*. Barcelona: Paidós.

Cabrera, D. H. (2006). *Lo tecnológico y lo imaginario. Las nuevas tecnologías como creencias y esperanzas colectivas*. Buenos Aires: Biblos.

Castells, M. (1999). *La era de la información. Economía, sociedad y cultura. Volumen I. La sociedad red*. Buenos Aires: Siglo XXI.

Encuesta Nacional de Consumos Culturales y Entorno Digital (2013). Sistema de información cultural de la Argentina. Secretaría de Cultura de la Nación. Recuperado de: https://goo.gl/YEJm9g (consulta: junio de 2015).

Encuesta Nacional de Consumos Culturales y Entorno Digital (2016). Sistema de información cultural de la Argentina. Secretaría de Cultura de la Nación. Recuperado de: https://goo.gl/YEJm9g (consulta: abril de 2017).

Foucault, M. (1989). *Vigilar y castigar. El nacimiento de la prisión*. Buenos Aires: Siglo XXI.

Foucault, M. ([1978] 1992). *Microfísica del poder*. Madrid: La piqueta.

Giannetti, C. (2007). "La realidad de-mente y la socialización link. Algunos aportes para abordar la lógica de la condición humana en el siglo XXI". En Schultz, M. (coord.). *El factor humano en la cibercultura*. Buenos Aires: Alfagrama.

Goffman, E. (1997). *La presentación de la persona en la vida cotidiana*. Buenos Aires. Amorrortu.

González, J. (2008). "Digitalizados por decreto: ciberculturas o inclusión forzada en América Latina". En *Estudios sobre las culturas contemporáneas*, Vol. XIV, Nro. 27, pp. 47-76. Universidad de Colima, México.

Harvey, D. (1990). *The Condition of Postmodernity. An Enquiry into The Origins of Cultural Change*. Cambridge: Blackwell Publishers.

Jung, M.L. y Berthon, P. (2009). "Fulfilling the Promise: A Model for Delivering Successful Online Health Care". *Journal of Medical Marketing*. Vol 9, 3, pp. 243-254. Recuperado de: http//palgrave-journals.com (consulta: mayo 2015)

Lustria, M.L.A.; Smith, S. A. y Hinnant, C.C. (2011). "Exploring Digital Divides: An Examination of eHealth Technology Use in Health Information Seeking, Communication and Personal Health Information Managment in the USA". *Health Informatics Journal* 17 (3), 224-243. Recuperado de: http//sagepub.com (consulta: mayo de 2015).

Martuccelli, D. (2007). *Gramáticas del individuo*. Buenos Aires: Losada.

Mattelart, A. (1996). *La Comunicación-Mundo. Historia de las ideas y de las estrategias*. México DF: Siglo XXI.

Merleau Ponty, M. (1975). *Fenomenología de la percepción*. Barcelona: Península.

Organización Mundial de la Salud (OMS) (2016). Tercera Encuesta Mundial sobre eHealth. Observatorio Mundial sobre eHealth. Recuperado de: https://goo.gl/PTMWT2 (consulta: diciembre de 2016).

Petracci, M. y Waisbord, S. (comps.) (2011). *Comunicación y salud en la Argentina*. Buenos Aires: La Crujía Ediciones.

Schultz, M. (2007). *El factor humano en la cibercultura*. Buenos Aires: Alfagrama.

Schwarz, P. K. N. y Mendes Diz, A.M. (2013). "Hibridizaciones entre las brechas sociales y digitales. Una encrucijada que conecta diferentes planos de experiencia". En Schwarz, P. K. N. y Mendes Diz, A.M. (coords.) (2013).

Sexualidades, género y otras relaciones políticas en el espacio virtual: oportunidades, desafíos y nuevas sociabilidades. Documento de Trabajo del Instituto de Investigaciones Gino Germani Nro. 68. Universidad de Buenos Aires. Recuperado de: https://goo.gl/XGvLcK (consulta: noviembre de 2013).

Schwarz, P. K. N. (2014). "Capacidad de agencia en salud a partir del uso de Nuevas Tecnologías de Información y Comunicación". En Domínguez Mon, A.; Perner, S. y Pérez, S. (coords.) (2014). *De la agencia social a la salud colectiva.* Bariloche: Editorial de la Universidad de Río Negro. ISBN: 978-987-3667-01-5. Recuperado de: https://goo.gl/ZuSNR9 (consulta: noviembre de 2014).

Scribano, A. (2010). "Primero hay que saber sufrir!!! Hacia una sociología de la 'espera' como mecanismo de soportabilidad social". En Scribano, A. y Lisdero, P. (comps.). *Sensibilidades en juego: miradas múltiples desde los estudios sociales de los cuerpos y las emociones* (pp. 169-192). Córdoba: Estudios Sociológicos.

Sibilia, P. (2008). *La intimidad como espectáculo.* Buenos Aires. Fondo de Cultura Económica.

Simmel, G. ([1917] 2002). *Cuestiones fundamentales de sociología.* Barcelona: Gedisa.

Small, G. y Vorgan, G. (2009). *El cerebro digital. Cómo las nuevas tecnologías están cambiando nuestra mente.* Barcelona: Urano.

Turkle, S. (1995). *La vida en la pantalla. La construcción de la identidad en la era de Internet.* Buenos Aires: Paidós.

Urresti, M.; Linne, J. y Basile, D. (2015). *Conexión total. Los jóvenes y la experiencia social en la era de la comunicación digital.* Buenos Aires: Grupo Editor Universitario.

Vasconcellos-Silva, P. R. y Castiel, L. D. (2009). "As novas tecnologías de autocuidado e os riscos do autodiagnóstico pela Internet". *Revista Panamericana de Salud Pública,* 26 (2), pp. 172-175.

Vio, M. y Fritzsche, F. (2003). "Estado del arte en el debate TIC´s y territorio: Las TIC´s en el territorio: en el umbral de una ciudad sin fin. Universidad Nacional de General Sarmiento". Recuperado de: https://goo.gl/Fba8jH (consulta: junio de 2011).

Whitten, P. (2006). "Telemedicine: Communication Technologies that Revolutionize Healthcare Services". *Revista Generations*. Summer 2006, pp. 20-24.

3

La relación médico-paciente en la indagación académica contemporánea

MÓNICA PETRACCI, VICTORIA I. M. SÁNCHEZ ANTELO,
PATRICIA K. N. SCHWARZ Y ANA MARÍA MENDES DIZ

Introducción

Ante situaciones vinculadas a la salud –consultas, controles periódicos, búsqueda de información, tratamientos, diagnósticos, prevención, entre otras–, profesionales de la salud y pacientes han construido una relación en el marco de distintas preponderancias: la autoridad indiscutible del saber médico y el paternalismo; la búsqueda de la autonomía del paciente en las decisiones sobre su salud; o bien variaciones más cercanas o más alejadas de los extremos mencionados.

Si bien diferentes perspectivas teóricas imprimieron cambios a las denominaciones de los integrantes de esa relación –médicos, doctores, profesionales de la salud por un lado; enfermos, pacientes, clientes, usuarios por el otro–, optamos por la denominación relación médico-paciente (de ahora en adelante, RMP) porque, de una mirada atenta sobre la literatura, emerge como la denominación más mencionada y más robusta para albergar matices y cambios sociales.

La RMP es una relación social asimétrica. La diferencia de saberes (Boltansky, 1975), de vocabulario y lenguaje (Clavreul, 1978), de poder (Foucault, 1963/2001; 1976/ 2010) son puntos de apoyo (de ninguna manera los únicos) de la asimetría. Estos mismos también son obstaculizadores de la fluidez de la relación. Hace aproximadamente cuatro décadas señalaba Clavreul (1978: 32):

> La existencia de un vocabulario técnico y especializado obstaculiza la relación médico-paciente. No habría que exagerar su importancia, ya que los enfermos aprenden rápidamente ese vocabulario, a pesar de la resistencia del cuerpo médico a difundirlo y a explicarlo. Los médicos tienen sólidas razones para mantener esa distancia, en su preocupación de conservar un carácter esotérico para su saber. Piensan que sus enfermos y el público en general, incluso si pueden aprehender algunas palabras, algunos conceptos, solo pueden hacer un uso inadecuado de los mismos por no conocer las articulaciones […] Enfermos y médicos tienen apenas el mismo vocabulario, con seguridad no el mismo lenguaje […]

Si bien las palabras del autor francés siguen haciéndonos reflexionar, la manifestación de los cambios sociales contemporáneos en el sistema de salud, en la práctica médica, y en el lugar del paciente dejan entrever un panorama diferente. En noviembre de 2015, la ciudad de Vancouver en Canadá fue la sede de la Segunda Conferencia Internacional "Dónde está la voz del paciente en la Educación del Profesional de la Salud". En el editorial de una publicación académica dedicado a esa conferencia, Towle (2016) resalta la numerosa concurrencia de pacientes y el crecimiento de experiencias en diferentes países y profesiones que contaron con una presencia activa del paciente en la formación médica respecto de la década anterior. Si bien la autora constata que esos cambios son aislados, que los pacientes hayan sido considerados una contribución para la formación de un profesional de la medicina hubiera sido impensable décadas atrás cuando el paciente era identificado con el enfermo, y el estado del enfermo era la pasividad.

Otros cambios, de distinto orden, han ocurrido en las relaciones entre médicos y pacientes, y en los contextos de la relación: de un formato básicamente diádico se pasó a otro institucional en el cual el paciente es un usuario de servicios (en una o varias organizaciones y bajo la intervención de más de un profesional); de un vínculo directo se añadió otro en el que median la tecnología e Internet; de una relación en la cual la "verdad" de la palabra médica era incuestionable se pasó a otra en la cual el paciente tiene derechos, puede plantear opciones, dudar del profesional, negociar el diagnóstico y la terapéutica; también puede integrar asociaciones de pacientes, reclamar ante autoridades gubernamentales, e interponer denuncias, querellas o demandas judiciales.

Entendemos que los cambios no reemplazan formatos previos, coexisten no exentos de conflicto, y dependen, en cada situación de salud, de factores propios del sistema de salud (como el tipo de subsistema y el nivel de complejidad de la atención) y de factores propios de los pacientes (como el grado de empoderamiento, el nivel educativo, la edad, entre otros). Por otro lado, la presencia y los grados de influencia de variables de índole social en la RMP han sido señalados históricamente. En nuestro país, vale la pena recordar la presentación de un número dedicado a este tema de *Cuadernos Médico Sociales*, una publicación pionera de la Asociación Médica de Rosario de fines de los años setenta (CESS, 1979: 5):

> […] Lo más importante para comprender la relación médico paciente, es no olvidar la vinculación con su período social, mirar cada cuestión desde el punto de vista de su emergencia histórica, determinar cuáles son las etapas principales del desarrollo de ese fenómeno y, desde el punto de vista de su devenir, comprender en qué se ha transformado en definitiva.

La producción académica sobre la RMP tiene, al menos, tres características: es profusa; las autorías proceden de diferentes disciplinas y perspectivas (historia de la medicina, ciencias médicas, ciencias sociales, antropología); está integrada por reflexiones e indicaciones sobre cómo esa particular relación debería ser y por hallazgos de investigaciones empíricas acerca de las particularidades que adopta y los obstáculos que enfrenta ante diferentes enfermedades y situaciones ligadas a salud y derechos. En la Argentina un antecedente de análisis de la bibliografía sobre la comunicación en la RMP –que será retomado– es Cófreces *et al.* (2014).

Esta somera caracterización inicial del estado del arte, indudablemente incompleta, nos planteó interrogantes a abordar desde un enfoque sociocomunicacional que desembocaron en una propuesta de lectura analítica del estado del arte. Jiménez Becerra, al referirse a la "investigación sobre la investigación" que esa tarea implica (1996: 17) destaca la importancia de los estados del arte para la formulación de las preguntas que contribuirán a construir un problema de investigación:

> [...] ¿Cuáles disciplinas o campos del saber se han ocupado sobre lo que me interesa? ¿Cuáles son las problemáticas o aspectos sobre los que se ha centrado la investigación existente? ¿Cuáles enfoques o perspectivas teóricas han sido empleados para abordar la temática? ¿Cuáles enfoques y estrategias metodológicas se han utilizado?

Nuestros interrogantes iniciales surgieron durante la realización de un proyecto de investigación en el trienio 2011-2014 centrado en tres ámbitos en los cuales la salud queda situada en la trama comunicacional contemporánea: la comunicación cara a cara entre profesional y paciente (a través de entrevistas a pacientes); las comunicaciones públicas de las agencias gubernamentales en el espacio público político mediático (a través de entrevistas a tomadores de decisión); y el campo relacional generado entre la difusión del conocimiento científico médico y preventivo y la construcción periodística de una noticia (a través de entrevistas a periodistas científicos).[1] En el caso de la RMP fueron retomados los siguientes interrogantes: ¿a través de qué ejes temáticos se analizó la RMP en la producción académica?; considerando la repercusión de los cambios contemporáneos en la RMP, ¿cómo son planteados los vínculos entre médicos y pacientes en la literatura? ¿Qué lugar ocupa *eHealth* en esa relación?

El enfoque que, a nuestro entender, contribuye mejor a comprender este problema de investigación y formular respuestas a los interrogantes iniciales es de índole sociocomunicacional. Por un lado, comunicacionalmente hablando, un enfoque de esas características ubica a la tradicional interacción cara a cara en la RMP y a las influencias de las Nuevas Tecnologías de Información y Comunicación (NTIC) sobre esa relación como "ámbitos" (Petracci, 2012, 2015) del campo comunicacional de la salud. Por otro, porque los cambios producidos en una relación de disputa y poder relacional como es la RMP son interpretados considerando los procesos y los contextos sociales contemporáneos (Rosa, 2011).

En este artículo se presentan los hallazgos de una investigación[2] realizada en el trienio 2014-2017 cuyo objetivo general fue analizar la producción académica seleccionada sobre la relación médico-paciente durante el período 1980-2015. Los objetivos específicos fueron: I. describir y cuantificar el estado del arte seleccionado respecto de variables propias de la producción académica (año y procedencia de la publicación, tipo de producción académica); II. caracterizar el contenido del estado del arte seleccionado

1 Proyecto de investigación "La salud en la trama comunicacional contemporánea" de la Convocatoria UBACyT 2011-2014 (20020100100100) dirigido por la doctora Mónica Petracci, que contó con el apoyo de la Secretaría de Ciencia y Técnica (SECyT) de la Universidad de Buenos Aires, Argentina.

2 Proyecto de investigación "Comunicar salud: investigación, planificación y evaluación" de la Convocatoria UBACyT 2014-2017 (20020130100895BA) dirigido por la doctora Mónica Petracci, que contó con el apoyo de la Secretaría de Ciencia y Técnica (SECyT) de la Universidad de Buenos Aires, Argentina.

respecto de la concepción de paciente, el tipo de tratamiento de la RMP, y la presencia (o no) de perspectiva de género; III. explorar y comprender los ejes conceptuales y debates a partir de los cuales la relación médico-paciente fue tematizada.

El principal aporte de este análisis exploratorio y descriptivo del estado del arte seleccionado sobre la RMP en el período 1980-2015 apunta a la producción de conocimiento, el señalamiento de vacíos investigativos así como la propuesta de líneas y diseños de investigación. También, como cientistas sociales interesadas en la aplicación de los hallazgos de la evidencia, es un propósito que el estudio contribuya con la formación y la capacitación de los profesionales de la salud, los modos comunicacionales de encarar las recomendaciones a pacientes, y el fortalecimiento de pacientes y familiares para que la RMP fluya sin (o con menos) tropiezos en un marco respetuoso del derecho a la salud, el derecho a la comunicación, la perspectiva de género, y la autonomía del paciente.

El artículo está organizado en las siguientes secciones. A esta introducción siguen dos secciones referidas a los abordajes teóricos y conceptuales de índole sociocomunicacional para pensar la RMP: "Procesos y contextos sociales contemporáneos" y "Comunicación y Salud". A continuación se desarrollan los lineamientos metodológicos. La sección analítica "Resultados: análisis del estado del arte sobre la RMP 1980-2015" está formada por tres partes: "Descripción de la literatura"; "Caracterización de la RMP en la literatura"; y "Tematización de la RMP". Finalmente se desarrolla la sección Conclusiones y Discusión.[3]

---

[3] Nuestra intención fue escribir un documento no sexista y buscó evitar ese lenguaje. Sin embargo, para facilitar la lectura, no se incluyen recursos como "@" y "os/as".

Procesos y contextos sociales contemporáneos

Llovet hace un cuadro de situación sobre la "mutación" atravesada por la RMP hacia fines del siglo XX (1997: 337-338), la cual –con las actualizaciones procedentes de los cambios tecnológicos– se mantiene vigente actualmente:

> La relación médico paciente es una de las relaciones microsociales que más modificaciones ha sufrido. Para empezar, ha perdido su propia naturaleza diádica al hilo de la sobredeterminación que suponen los cambios de escala y la colectivización de la producción, la oferta y la demanda de las prestaciones asistenciales, que ya no se reducen a actos mesiánicos aislados y discretos, sino a secuencias en el interior de redes que articulan su trabajo a grandes organizaciones o circuitos (grandes en lo físico y/o en lo administrativo), independientemente de su índole pública, privada o mixta.

El contexto sociohistórico de los cambios mencionados y de los cambios contemporáneos en general es configurado por los "procesos modernizadores" (Rosa, 2011). Consideramos que los cambios sociales no son eventos coyunturales de una fase social a otra sino que se trata de procesos históricos complejos, contradictorios, paradojales (Rosa y Scheuerman, 2009). En esa dirección, la noción de "modernización reflexiva" nos resulta más cercana que la de "Modernidad reflexiva" (Beck *et al.*, 1997; Harvey, 2008).

Los procesos modernizadores han sido foco de atención de los autores clásicos de las ciencias sociales y, desde nuestra perspectiva, adquieren relevancia para reflexionar sobre el campo Comunicación y Salud.

Desde esos puntos de partida, la perspectiva sociocomunicacional para comprender los cambios en la RMP que guía este artículo se aproxima a un enfoque procesual (que enfatiza los procesos sociales, la participación, el poder, los contextos políticos, las matrices culturales y el lenguaje) y se distancia de un enfoque instrumental (que enfatiza la acción mediática y una visión lineal de los efectos de los mensajes).

A continuación, desarrollamos las complejidades y las paradojas de los cinco "procesos modernizadores" señalados por Rosa (racionalización, diferenciación, lo social ante la Naturaleza, individuación y aceleración) e incorporamos, para cada uno, una reflexión acerca de su expresión en el campo de la salud –en el cual se desenvuelve la RMP–.

Racionalización: de la "jaula de hierro" al *self-control* y el uso de Nuevas Tecnologías de Información y Comunicación (NTIC)

Se refiere al proceso histórico de cambio significativo en la lógica interna de los sistemas de creencias, las formas ideacionales y las orientaciones de acción, por el cual creencias y acciones se tornan coherentes, consistentes, sistemáticas, y orientadas a fines en el sentido dado por Weber ([1922] 1974): 18) al concepto de acción social. El clásico autor de la sociología advirtió tempranamente sobre la racionalidad orientada hacia fines, propia de la esfera económica, en todos los órdenes de la vida. Lo paradójico de este proceso se expresa en la metáfora de la "jaula de hierro": puede ser racional en términos económicos y/o políticos pero puede no serlo en términos éticos y/o afectivos (Scaff, 2005).

El proceso de burocratización, expresión organizacional del espíritu racionalizador, supone la aplicación de reglas y la definición de funciones jerarquizadas, mecanismo que se ha mostrado sumamente efectivo y poderoso en el incremento del control de funcionarios y ciudadanos por las organizaciones modernas (DiMaggio y Powell, 1983). Este proceso es un foco potente para mostrar las diversas formas en que la paradoja de la "jaula de hierro" toma lugar en las instituciones de salud. Algunos ejemplos son la lógica de la profesionalización y la estandarización de las prácticas de salud (Kitchener, 2002; Reay y Hinnings, 2005; Kitchener y Mertz, 2012); los sistemas organizativos de la política de salud (Bhakoo y Choi, 2013); la legislación y la interacción entre los diversos niveles organizativos (Andersson *et al.*, 2016). La tendencia a una creciente racionalización en el uso de los recursos permitió ampliar la cobertura de salud, incorporar medios tecnológicos que aportan precisión a las prácticas médicas, y facilitar la estandarización de los procesos de atención y diagnóstico. Sin embargo, pensando en las "paradojas", el proceso de salud/enfermedad/atención/cuidado (PSEAC) fue hegemonizado por criterios economicistas que ponen en tensión criterios éticos y afectivos, y modifican, por ende, la interacción entre profesionales de la salud y personas que consultan o requieren atención.

Si bien es cierto que la burocratización delimita y reduce los márgenes de autonomía de cada funcionario, en este caso de los médicos, Exworthy (2015) advierte que la idea de la "jaula de hierro" no se corresponde con el escenario actual e, incluso, afirma que el ámbito médico goza de márgenes de autonomía significativa. Aun cuando puedan identificarse mecanismos de control a través de carreras jerárquicas o una marcada mercantilización (como las retribuciones y los incentivos financieros), la profesionalización médica se asume como parte de la cultura ocupacional y el proceso de legitimación de la disciplina, y es respaldada por los mismos profesionales. Para el autor, la racionalidad economicista contenida en el discurso del *management* tiene lugar en la crisis del Estado de Bienestar, la hegemonía de valores consumistas, y un escenario protagonizado por las NTIC.

Los procesos jerárquicos asociados al control, señalados por Weber, se transformaron en mecanismos de control basados en la "mirada", en el sentido foucaultiano, en los que las normas y los comportamientos son internalizados y no requieren de la acción de presiones externas. Los valores del mercado se convierten así en una indiscutible lógica del trabajo, por más que su carácter disfuncional y represivo para la salud haya sido demostrado. La racionalización actual, basada no ya en la rigidez de la jerarquía sino en procesos flexibles de control, ha ido de la mano de las NTIC.

En ese contexto, la autonomía en la práctica médica se vio constreñida por tres cambios. Primero, las políticas públicas que aportaron legitimidad a la retórica de la gestión (*management*) y cuya implementación acarreó una descentralización organizativa que fijó controles jerárquicos próximos a la actividad cotidiana del profesional. Segundo, la creciente preeminencia de los mercados de salud, en los cuales el sector público es partícipe activo, parece haber socavado la autonomía médica (Exworthy, 2015); reflejo, a su vez, de la pérdida de legitimidad de la capacidad de la corporación médica de "autorregularse", esto es, la supervisión y la regulación de la actividad entre pares. Tercero, la hegemonía de la medicina basada en la evidencia como nuevo paradigma de conocimiento, pero también como respuesta a la creciente judicialización de las prácticas médicas, lo que ha impuesto mayores controles normativos y comportamientos cognitivos donde las NTIC pasaron a erigirse como el mecanismo por excelencia de legitimación del acto médico.

Diferenciación: de la solidaridad orgánica a los vínculos provisorios

Este proceso involucra la diferencia entre las solidaridades mecánica y orgánica analizada por E. Durkheim ([1893] 1987). La unidad de conciencias y la división del trabajo social son componentes clave de la vida social (Merton, [1934] 2002). Ambas son el foco en el que Durkheim primero, y las teorías funcionalistas después (cuya expresión más contundente es la perspectiva sistémica del AGIL parsoniano[4]) centraron sus esfuerzos para explicar el proceso de socialización. En la Modernidad, la diferenciación se expresa en la creciente especialización, derivada de la división del trabajo social, y en la interdependencia funcional. Será la socialización la encargada de sustentar una identidad singular e integrada a lo social (Mead, 1973), de allí la fructífera metáfora organicista de la sociedad y la especialización de sus instituciones. A través de las formas modernas de las instituciones, la socialización transforma a los individuos en seres sociales mediante la internalización de normas compartidas colectivamente. La paradoja radica en un peligro permanente: que la falta de cohesión social derive en un estado de anomia, fruto de la pérdida del lazo entre lo individual y lo colectivo, producida porque la autonomía de cada componente alcanza un nivel tal que su actividad se desvincula de lo social.

Más recientemente, Bauman (2011) plantea que los procesos de globalización negativa de la denominada "Modernidad líquida" tornaron a los Estados nación incapaces de cumplir la función cohesionadora. El modelo de empleo de la denominada "Modernidad sólida" proveía derechos sociales a través de la relación salarial al tiempo que la figura del ciudadano garantizaba el acceso a derechos políticos y económicos. Formas sociales como la clase y la profesión, que moldeaban las elecciones individuales y proveían un marco de referencia identitaria, no cumplen ya ese papel. La reconfiguración de la actividad laboral –signada por la lógica de la fragmentación, los procesos de desarraigo y de desterritorialización– han vuelto a aquellos espacios incapaces de garantizar normas sociales que orienten las acciones individuales con un sentido colectivo. Los Estados no logran dar respuesta a problemas cotidianos, dejando hacer a las fuerzas del mercado y/o a las capacidades

---

4   El paradigma AGIL es un esquema sociológico creado por T. Parsons. *Adaptation* (función adaptativa); *Goal Attainment* (logro de objetivos); *Integration* (función integradora); *Latency* (mantenimiento del modelo latente).

individuales frente a "indomables incertidumbres" (Bauman, 2011: 8). La relativización del trabajo como un derecho, la competencia por recursos ya no como ciudadanos universales sino en términos de usuarios/consumidores, así como la introducción de NTIC que posibilitan prescindir de la presencia física, y simultánea, en un mismo espacio-tiempo, se traducen en una creciente fragmentación social que socava los pilares de cualquier acción colectiva basada en la solidaridad social.

En suma, la "Modernidad líquida" se caracteriza por la disolución de los vínculos entre las vidas y los proyectos individuales por un lado, y las acciones y los procesos colectivos por el otro; por la pérdida de los moldes que enmarcaban condiciones y perspectivas vitales, proveían reglas y modos de conducta; por una privatización de la construcción de esas pautas pero también de las responsabilidades sobre éxitos y fracasos. Bauman (2003) destacó el fin del "grupo de referencia" (categoría propia de la socialización en el contexto de la "Modernidad sólida") para pasar a una "comparación universal" (donde la construcción individual es indefinida y sometida a cambios permanentes). Solo se lograría arribar a un único punto de certeza: la finitud de la vida. La centralidad del sujeto, como consumidor más que como productor, es también un indicador de esos cambios. Dicho en otros términos: si el sujeto productor contaba con una vida regulada, con límites definidos y ambiciones conforme a estos, el sujeto consumidor no tiene parámetros para medir su capacidad de adecuación. No se alcanza un estado, es un devenir, que requiere "estar siempre listo".

En el campo de la salud, el parámetro no es estar sano o enfermo sino "estar en forma". Si la salud/enfermedad era experimentada como "estado" (con un posible origen, desarrollo y fin), estar en forma carece de parámetros claros. Aunque "salud" y "estar en forma" se empleen como sinónimos y remitan a una mirada sobre el cuerpo, ambos conceptos pertenecen a órdenes discursivos distintos. "Salud" se refiere a un orden normativo que distingue lo normal de lo anormal, a un estado corporal y espiritual deseable para satisfacer las demandas del orden social. "Estar en forma" es indefinido, no delimitado, constatable a futuro. Siguiendo a Bauman (2003: 83): "[…] significa tener un cuerpo flexible y adaptable, preparado para vivir sensaciones aún no experimentadas e imposibles de especificar por anticipado". A los individuos de la "Modernidad líquida" se les demanda ser "electores libres" cuyas virtudes no anclan en la conformidad a las normas sino en

> […] la presteza para cambiar de tácticas y estilos en un santiamén, para abandonar compromisos y lealtades sin arrepentimiento, y para ir en pos de las oportunidades según la disponibilidad del momento, en vez de seguir las propias preferencias consolidadas (Bauman 2011: 11).

La mayor autonomía de los individuos frente a las estructuras tradicionales es leída en términos de una "emancipación obligada" que los convierte en gestores de su biografía (Beck *et al.*, 1997). Esta transformación revitalizó el debate en torno a la agencia individual *versus* los condicionantes estructurales de la acción, central en el campo de la salud. Tensión que se expresa en la coexistencia, difícil para la implementación, de una perspectiva teórica y conceptual como es la de Determinantes Sociales de la Salud, cuyo énfasis recae en aspectos socioestructurales y en miradas que apuntan a una mayor autonomía y libertad individual en los procesos de salud/enfermedad/atención/cuidado (PSEAC).

Lo social y la Naturaleza: del hombre transformador a los riesgos medioambientales

Se refiere, como su nombre lo indica, a la relación sociedad-Naturaleza que Rosa vincula con los planteos de Marx y Engels. Para dichos autores, en el trabajo de transformación de la Naturaleza, el hombre no solo produce sus medios de vida sino que se produce a sí mismo, y es a partir de esa producción de sí que se diferencia de otros animales.

Para comprender esa relación, Beck (1997, 2002, 2005) convierte el concepto moderno de riesgo en un articulador analítico. Si la explotación de la Naturaleza fue un pilar de la primera Modernidad, en la segunda el éxito de la acción humana –en su afán por controlar y proteger a los ciudadanos de los peligros que representa el mundo natural– se convirtió en un riesgo medioambiental incontrolable. El éxito de lo social en la empresa tendiente a "domesticar" la naturaleza se presenta para Beck (2005: 648) como un futuro de incertidumbre, peligro y "riesgo descontrolado". La noción de sociedad del riesgo resalta, no un incremento en los riesgos, sino una redefinición espacial, temporal y social. Primero, son riesgos que exceden las delimitaciones territoriales y políticas del Estado nación y colocan los desafíos en el plano global (cambio climático, contaminación del aire, agujero de ozono). En segundo lugar, implican una redelimitación del tiempo asociado a riesgos latentes difíciles de medir, estimar, y menos aun controlar (consecuencias futuras de la eliminación de residuos nucleares o la manipulación genética de alimentos). En tercer lugar, respecto de lo social, Beck advierte sobre la incertidumbre que abre la incapacidad de asignar responsabilidades políticas a los problemas globales: al menos jurídicamente, de acuerdo con el autor, no es posible identificar "quién provoca" la crisis medioambiental y es susceptible de sanción. En línea con lo anterior, Giddens (2007: 47) planteaba:

> Nuestra era no es más peligrosa –ni más arriesgada– que la de generaciones anteriores, pero el balance de riesgos y peligros ha cambiado. Vivimos en un mundo donde los peligros creados por nosotros mismos son tan amenazadores, o más, que los que proceden del exterior. Algunos de ellos son verdaderamente catastróficos, como el riesgo ecológico mundial, la proliferación nuclear o el colapso de la economía mundial.

Otros nos afectan como individuos mucho más directamente: por ejemplo los relacionados con la dieta, la medicina o incluso el matrimonio.

La paradoja de este proceso modernizador se expresa en la sociedad del riesgo, que supone "fingir" control en lo incontrolable de la política, el derecho, la ciencia, la tecnología, la economía y la vida cotidiana (Beck, 2005: 649). Si, para Giddens, la idea de riesgo de la Modernidad tradicional se asumió como "[…] una forma de regular el futuro, de normalizarlo y traerlo bajo nuestro dominio", la Modernidad Tardía demostró la imposibilidad. Según dicho autor (2007: 38): "[…] nuestros mismos intentos por controlar el futuro tienden a volver[se] hacia nosotros, forzándonos a buscar formas diferentes de ligarlo a la incertidumbre". El autor distingue los riesgos "externos" (como las epidemias) de aquellos que denomina "manufacturados" (creados por el impacto de nuestro conocimiento sobre el mundo). El proceso modernizador en la fase tradicional se ocupó de potenciar la capacidad del hombre para "domesticar" una naturaleza externa plagada de riesgos: mediante el desarrollo de técnicas capitalistas de agricultura o cría de ganado, para reducir la amenaza de las hambrunas por escasez de alimentos; las tecnologías farmacológicas para inmunizarnos ante las plagas; así como las obras de ingeniería urbana para reducir los embates naturales (como inundaciones o sequías) a las modernas ciudades tradicionales y los efectos en la salubridad pública. En la actualidad, afirma Giddens, "[…] empezamos a preocuparnos menos sobre lo que la naturaleza puede hacernos y más sobre lo que hemos hecho a la naturaleza […]" (2007: 39-40). El riesgo ha estado asociado al cálculo y a la posibilidad de control, pero el riesgo manufacturado introduce una nueva dimensión: sus efectos se conocerán una vez que hayan ocurrido.

En el plano de la salud –un escenario signado por la incertidumbre y la incapacidad para evaluar las consecuencias de las acciones humanas sobre sí y sobre su entorno– se redefinen las prácticas cotidianas, por ejemplo, lo referido al autocuidado de la salud y la práctica de hábitos saludables. La crisis de los parámetros normativos a nivel institucional deviene en una individuación de las definiciones acerca de qué se entiende como riesgoso, qué como saludable, y qué es aceptable (o no) en las prácticas cotidianas de las personas. Un ejemplo puede ser la incertidumbre que generan las consecuencias futuras de la intensiva utilización de productos químicos (como el glifosato) en la producción de alimentos (Giddens, 2007) o su modificación genética (Giddens, 2007; Rodríguez, 2013; Rodríguez Gómez y Rodríguez Paipilla, 2016). Ello motivó cambios en las opiniones sobre el origen y la composición de los alimentos, en los comportamientos de los consumidores e, incluso, en la acción colectiva (Sebastian-Ponce *et al.*, 2014).

Individuación: de los vínculos normativos a la red

La crisis de las estructuras normativas y sociales requiere una reorientación de las conductas y obliga a desplegar las prácticas cotidianas en un marco de imprevisibilidad, incertidumbre y contingencia. Beck –ante la ausencia de las fuentes de significación colectiva– sostiene (1997: 20-21):

> […] se espera de los individuos que vivan con una amplia variedad de riesgos globales y personales diferentes y mutuamente contradictorios. Lejos de la protección de la comunidad, la clase y la familia, […] las oportunidades, amenazas y ambivalencias biográficas […] son transitadas por el individuo entramado en vínculos que devienen frágiles y provisionales. Se está en red, conectado, pero no hay identidades colectivas que otorguen coherencia a las decisiones individuales ni respondan frente a las consecuencias de las acciones. Los individuos parecen estar obligados a demostrar capacidad para dominar oportunidades arriesgadas.

Ese es el significado del proceso de individuación. También el autor señala que uno de los ámbitos de transformación social asociado a la modernización reflexiva es el "proceso de individualización del riesgo". El deterioro, y la consecuente crisis de los agentes colectivos propios de la sociedad industrial como generadores de sentidos y moduladores de prácticas sociales, contribuyen al incremento de las incertidumbres características de la "sociedad del riesgo". La desarticulación colectiva condensa las prácticas y la articulación de sentidos en la figura del individuo. Según Beck (1996: 204-205):

> [...] hoy los hombres no son "liberados" de las permanentes certezas religioso-trascendentales en el seno del mundo de la sociedad industrial, sino fuera, en las turbulencias de la sociedad mundial del riesgo. Los hombres deben entender su vida, desde ahora en adelante, como estando sometida a los más variados tipos de riesgo, los cuales tienen un alcance personal y global.

El individuo, en tanto portador de derechos y deberes ciudadanos, ante oportunidades y riesgos se vuelve protagonista de decisiones que antes eran mediadas por las diversas instituciones sociales. Estas oportunidades y riesgos son percibidos, interpretados y elaborados individualmente, lo que supone para Beck una "libertad de alto riesgo" que trasciende a los individuos.

La paradoja de este proceso de modernización es la tendencia constante hacia la atomización y el aislamiento sociales. Cabe aclarar que, desde la perspectiva de Beck, en la sociedad de riesgo no se llega a la atomización o el aislamiento sino que, por el contrario, el proceso de desvinculación de las antiguas estructuras normativas y sociales posibilita una revinculación con las nuevas formas de sociabilidad impuestas por la sociedad del riesgo (Beck, 1997: 28-31).

En el campo de la salud, esta concepción de sujetos liberados de los límites normativos se expresa en el viraje discursivo de las políticas de salud hacia modelos y programas cuyo acento se orienta a las responsabilidades individuales, una perspectiva que promueve cambios en los estilos de vida ubicando en el plano individual problemáticas que pueden ser conceptualizadas como el resultado de procesos colectivos. El concepto de *bullying*, por ejemplo, focaliza la atención en la asunción de roles individuales –acosado o acosador– cuando se trata de conflictos vinculares y de la socialización. Mientras la responsabilidad es atribuida individualmente, se invisibilizan procesos colectivos normalizadores de la violencia como modo de vinculación.

Aceleración: de la linealidad hacia el progreso a la falta de tiempo

El tiempo es un tema prioritario para la explicación de procesos sociales. Lejos de ser un tema caracterizado por la novedad, el modo en que los grupos humanos viven, sienten y conciben el tiempo fue reflexionado por las ciencias sociales y la filosofía (Bergmann, 1992; Nowotny, 1992; Indij, 2008). Desde fines del siglo XX, la sociología ha recobrado el interés por los procesos de cambio temporal y su experiencia, expresada en una vida más acelerada, que Harvey (2008), para referirse a este proceso, denomina "compresión" del tiempo y del espacio.

Existe una relación estrecha entre la Modernidad y la modificación de las estructuras temporales, modificación basada en la aceleración. Según Rosa (2011: 16), analíticamente se pueden distinguir tres dimensiones de la aceleración propias de la modernización. La primera se refiere a los procesos en los cuales la introducción de tecnologías tuvo la intención explícita de incrementar el ritmo de producción, circulación y comunicación. En ese proceso, que se da "dentro" de la sociedad, la relación entre tiempo y espacio aparece como un esfuerzo por desterritorializar,

por la intención de abandonar el espacio como referencia
identitaria o histórica. La segunda dimensión se refiere a
la velocidad con que se producen los cambios en diversas
áreas de la vida social –como pueden ser los valores, las
modas o estilos de vida– e implica un cambio no "en" sino
"de" la sociedad misma. Ello requiere definiciones: cómo, en
el lapso que es "lo actual", es posible enlazar elementos del
pasado en una orientación a futuro de las acciones; cómo
es posible reflexionar sobre las prácticas actuales, contex-
tualizadas en un devenir histórico pero, a la vez, indica-
doras de un cambio social. La aceleración social, desde la
experiencia, se caracteriza "[...] por la contracción de los
lapsos definibles como el 'presente' [...] que se contrae tanto
en lo político como en lo ocupacional, en lo tecnológico
como en lo estético, en lo normativo como en lo científico
o en la dimensión cognitiva" (Rosa, 2011: 17). La tercera
dimensión de la aceleración mencionada por Rosa es la del
"ritmo de vida".

Si las dimensiones anteriores deberían redundar en un
incremento de la cantidad de tiempo de libre disposición, la
aceleración del ritmo de vida como patrón cultural es otra
gran paradoja sobre cómo funciona la Modernidad Tardía.
Desde la perspectiva subjetiva, se torna familiar la exten-
sión de un discurso social centrado en una queja constante
ocasionada por la falta de tiempo o bien por la percepción
de mayor rapidez y/o de prisa con la que transcurre la vida
en la actualidad.

Si bien es cierto que, en términos "objetivos", podemos
decir que la medición de la compresión temporo-espacial se
ha vuelto más compleja que el registro de la vivencia subjetiva, también podemos afirmar que se realizan más tareas
en la misma unidad de tiempo (Bauman, 2010), así como
distintas tareas de manera simultánea (Rosa, 2011: 20). Las
NTIC en la vida cotidiana autonomizan el cuerpo del espacio, habilitando la simultaneidad temporal de las tareas.

El efecto paradojal de este proceso modernizador es la presencia de desaceleradores en los ámbitos que han impulsado o facilitado la aceleración. Este es el caso de las instituciones que en el proceso modernizador aportaron dinamismo a los procesos políticos, pero que en el contexto de la Modernidad Tardía suponen un obstáculo a la aceleración (Rosa, 2011).

En el campo de la salud, numerosas líneas de análisis son ejemplo del carácter intrínseco del tiempo en el proceso de salud/enfermedad/atención/cuidado (PSEAC): a) el reconocimiento de la historicidad del PSEAC y de los colectivos que lo protagonizan a partir de la noción de proceso, en contraste con visiones estáticas y atemporales; b) el análisis de aspectos institucionales y organizacionales en torno a interrogantes sobre la "calidad", la "satisfacción" y la "planificación" permiten reconocer una multiplicidad de temporalidades (tiempos de espera, duración de la consulta, modalidades horarias para "gestionar" los recursos humanos en salud, así como también la estructuración de los reclamos de los trabajadores de la salud en torno a la insalubridad de los regímenes temporales que imponen una creciente mercantilización de los sistemas sanitarios (Donabedian, 1991; Ong *et al.*, 1995); c) la cuantificación del tiempo destinado a otros para ilustrar la dimensión del "cuidado" ilumina la persistente inequidad de género (Whittock *et al.*, 2002); d) la reflexión sobre la especificidad de las enfermedades crónicas, la percepción de paréntesis temporal que supone una enfermedad y su tratamiento en una trayectoria de vida; o el hito temporal de determinados eventos, como el nacimiento de un hijo, estructuran la percepción de la propia biografía (Domínguez Mon *et al.*, 2012); e) la multiplicidad de temporalidades contenidas en las definiciones epidemiológicas que se utilizan cotidianamente, ancladas en una concepción de tiempo lineal, objetivo y externo a las personas y los colectivos sociales; f) la relevancia de los ciclos de vida, las edades o las generaciones asociadas al PSEAC; g) el uso de escalas de "percepción del tiempo" conceptualizadas y estandarizadas para relevar daños o "anomalías" en el proceso cognitivo que diferencia pasado/presente/futuro (Zimbardo y Boyd, 1999). Si bien las líneas de análisis mencionadas no son exhaustivas, permiten poner el acento en la necesidad de reflexionar sobre las diversas concepciones de tiempo y de temporalidades, sus transformaciones y paradojas. Son nociones que están puestas en juego en el PSEAC, particularmente si se reconocen las reconfiguraciones temporales de la modernización reflexiva. Es innegable que las mismas pusieron en tensión las actividades cotidianas en las instituciones de salud para los médicos, los pacientes y sus comunidades.

Una recapitulación del recorrido por los cinco procesos modernizadores señalados por H. Rosa muestra, al menos, las siguientes características: son procesos complicados que sintetizan un cambio de época; son procesos interrelacionados (porque, como ocurre con las cuestiones de orden social, no se trata de procesos independientes con un desenvolvimiento lineal); y son procesos paradojales (porque sus construcciones sociales envuelven contradicciones y omisiones). En síntesis, los cambios visibilizados como resultado de la "modernización reflexiva" no son sustitutivos. Nuestro esfuerzo, a los fines de este artículo, fue pensar los cambios resultantes de esos procesos (complicados, interrelacionados y paradojales) en el campo de la salud desde una perspectiva que incluye la dimensión institucional del sistema sanitario, el espacio público comunicacional que lo expresa, y el sujeto –un ciudadano, un paciente, un médico– que con posibilidades y limitaciones estructurales los transita en una situación comunicacional cara a cara y/o mediada por la tecnología. No se trató de una búsqueda de jerarquización analítica de los procesos modernizadores mencionados para determinar el peso de cada uno en los cambios en la RMP. Más bien se trató de iluminar matices, luces y sombras de una relación que se desenvuelve en una sociedad caracterizada por cambios veloces y en tiempo real; por incertidumbres asociadas con riesgos nuevos y viejos; por una creciente individualización asociada al desajuste entre el individuo y las instituciones; por un presente continuo en el que se funden el pasado y el futuro.

Comunicación y Salud

Entendemos que hay un consenso en la literatura sobre Comunicación y Salud en considerar que se trata de un "campo" que atraviesa un proceso de construcción académica. Si bien estamos de acuerdo con dicha definición, también pensamos que una profundización de la argumentación –en la línea planteada por Cuberli y Araújo (2015)– sigue siendo necesaria. Para Alcalay (1999), el campo se refiere a tres cuestiones principales: es un área de investigación aplicada, tiene pertinencia social y es interdisciplinario. Cuberli y Araújo, desde una perspectiva bourdesiana, bosquejan Comunicación y Salud como un espacio "relacional y multidimensional", y lo diferencian de otras denominaciones como Comunicación en Salud o Comunicación para la Salud, cuyas perspectivas priorizan una concepción instrumental de la comunicación "al servicio de la salud" (Cuberli y Araújo, 2015: 21-22):

> Historia, políticas, discursos, teorías y metodologías, prácticas, tecnologías, capitales, sujetos individuales y colectivos, agendas, intereses, negociaciones, conflictos, interfaces… Todo esto y más conforman el campo de la Comunicación y Salud […] es un área de contornos difusos, formada por otros campos, en constante movimiento, siendo los principales los campos comunicacional y sanitario, con toda su complejidad. En este sentido, priorizamos la salud pública de naturaleza colectiva; en cuanto a la comunicación, adherimos a los enfoques que impactan en las prácticas. Nuestro modo de mirar percibe la comunicación como un proceso social de producción de los sentidos que ocurre a través de

los discursos sociales, que compiten en las múltiples arenas públicas por el poder de crear la realidad. Entre otras, las arenas de investigación, formación/ enseñanza, intervención, legislación, medios de comunicación, producción y comunicación científica.

Una cartografía por la producción del campo muestra que una característica evaluada positivamente en la literatura –como consecuencia de la riqueza analítica que aporta (Petracci y Waisbord, 2011; Petracci, 2012; Obregón y Waisbord, 2012; Cófreces *et al.*, 2014; Del Pozo Cruz *et al.*, 2015; Petracci, 2015)– es su heterogeneidad. Comprende diversas situaciones de salud (desde enfermedades hasta demandas y cuestiones de apropiación de derechos); de ámbitos comunicacionales cara a cara, comunitarios, mediáticos, *online* (desde la relación médico-paciente hasta las consultas en Internet, las campañas gubernamentales de prevención, las agendas públicas); y de actores sociales (el vínculo entre profesionales de la salud, personal administrativo y usuarios de un servicio de salud, el circuito de la toma de decisiones desde las máximas autoridades de un ministerio de salud hasta los jefes de servicio de un hospital público, la calidad de la atención recibida en un servicio de salud, el periodismo científico, las organizaciones de la sociedad civil, entre otros tantos casos). Petracci (2015: 15) examina esta característica:

> Lejos de considerarla un obstáculo, leo esa "heterogeneidad" en clave positiva. De ella emergieron fortalezas del campo a través de una producción que permitió comprender procesos individuales y subjetivos sobre los comportamientos en salud, mejorar diseños y planificaciones institucionales, y analizar críticamente procesos político-comunicacionales propios del espacio público. Fortalezas que provocan desafíos: sistematizar lo publicado para contar con más robustas evidencias, y generar conceptos y teorías que respondan a interrogantes de conocimiento. A partir de la confluencia, la profusa actividad en terreno y la producción académica, las fortalezas alcanzadas y los desafíos teóricos,

conceptuales, metodológicos y prácticos pendientes, se desarrolló y sigue expandiéndose, con logros y carencias, un campo de conocimiento heterogéneo atravesado por las tensiones y los conflictos de la trama comunicacional contemporánea. Porque bajo la heterogeneidad hay temas recurrentes: biopolítica, cultura, poder, la lógica de las prácticas sociales y los límites puestos por las posibilidades estructurales de cada sujeto.

Con relación a las posturas que han dividido el debate comunicacional en las últimas décadas, las mismas difieren según se considere a la comunicación como mera transmisión y difusión de información de un emisor a un receptor pasivo o bien como un proceso activo posible de ser transformado por los receptores, un proceso de producción social de sentido. La Comunicación para el Cambio de Comportamiento, desde mitades del siglo XX, estuvo ligada a las teorías de la conducta y la persuasión como "Aprendizaje social" y "Etapas de cambio" (Bandura, 1971), "Creencias en salud" (Becker, 1974), y "Acción Razonada" (Ajzen y Fishbein, 1980; Donohew, 1991). La Comunicación para el Desarrollo, paralela al modelo anterior, asignaba un rol modernizador a los medios de comunicación y proponía pasar del estudio de los sistemas de producción de mensajes al análisis de su distribución. Según Waisbord (2001), comprendió el enfoque del Paradigma Dominante (que entendió el subdesarrollo como carencia de información) y el Crítico al Paradigma Dominante (que entendió el subdesarrollo como resultado de la desigualdad de poder y propuso una visión participativa de la comunicación, por ejemplo la Comunicación para el Cambio Social). La Comunicación Comunitaria, desde los años ochenta, enfatiza nociones como las de participación, diálogo y derechos para atender cuestiones vinculadas a la salud; considera la promoción en salud como una estrategia para la comunicación educativa (Casas, Cuberli y Demonte, 2004), y toma en cuenta la mediación material y simbólica, no lineal, entre discursos emitidos y recibidos (Orozco Gómez, 1994).

No obstante los matices y las diferencias, la literatura sobre Comunicación y Salud coincide en señalar la superación de la "utilidad instrumental" (Del Pozo Cruz *et al.*, 2015: 11). Definitivamente, la identificación de la comunicación con la información, los medios de comunicación y las campañas preventivas aporta una visión limitada. Ello no significa oponerse a la información, los medios o la planificación de campañas, por demás necesarias, sino que en tanto campo teórico conceptual desde el cual tomar la salud como objeto de investigación o práctica e intervención, requiere considerar interrogantes y dimensiones políticas y sociales. Una campaña no es solo una pieza comunicacional para proveer información a la población sobre medidas de prevención. Sobre todo, garantiza a la ciudadanía el cumplimiento por parte del Estado del derecho a la salud y del derecho a la información. Al respecto Waisbord (2015: 142) plantea lo siguiente:

Esta expansión analítica y enriquecimiento teórico ha contribuido a repensar ideas comunicacionales tradicionales. La concepción de la comunicación en salud como un asunto de medios, canales, mensajes, audiencias y otros conceptos afines está inscrita en la tradición informativa, individual y centrada en los "medios" de los estudios de la comunicación, particularmente, en la tradición norteamericana. La incorporación de otros enfoques obliga a la redefinición de estos conceptos. "Los medios" ya no pueden ser entendidos simplemente como plataformas para la transmisión de información, sino que deben ser comprendidos como recursos sociales que pueden ser movilizados para problematizar y transformar condiciones de salud. La idea de "canales", típicamente limitada a tecnologías de información, debe ser desechada para reconocer una variedad de espacios informales y formales (desde instituciones religiosas hasta organizaciones cívicas) donde la ciudadanía se comunica y activa procesos de cambio. La idea de audiencia, inevitablemente limitada por sus premisas de alguien que "escucha" frente a otros que "hablan", debe ser reformulada en términos de públicos y/o ciudadanías que enfaticen nociones de derechos y participación. La idea de información es reelaborada de una perspectiva que focaliza en la expresión y sentidos de múltiples actores sociales. Asimismo, se deben reconocer recursos comunicacionales locales –el capital comunicativo, parafraseando la idea de "capital social"– como base para promover transformaciones positivas en la condiciones de salud. Los "mensajes" ya no deben ser entendidos como información/contenidos que alguien envía a otros sino como oportunidades para movilizar prioridades y valores para generar cambios.

———

Las reflexiones y las referencias a los autores en los párrafos previos sobre Comunicación y Salud muestran, por un lado, los caminos recorridos por el campo desde los inicios hasta mitad del siglo XX y, por otro, una visualización de las dificultades y las potencialidades del campo. Sobre la complejidad del campo Comunicación y Salud véase el artículo de Paula Rodríguez Zoya publicado en este libro. El último aspecto señalado es, a nuestro entender, la base para comprender que la dimensión comunicacional de la RMP no se reduce a un listado de recomendaciones formuladas de manera independiente de cuestiones culturales, políticas, sociales y subjetivas propias de los contextos de los destinatarios.

Metodología

El diseño metodológico de este estudio exploratorio y descriptivo sobre el estado del arte seleccionado de la RMP en el período 1980-2015 comprendió tres etapas:

1. Búsqueda en acervos digitales y revistas indexadas disponibles en bases de datos electrónicas y repositorios internacionales y nacionales: se definieron y articularon, en español e inglés, tres palabras clave: relación médico-paciente, *eHealth* y género. La búsqueda fue

realizada por el Centro de Documentación del Instituto de Investigaciones Gino Germani. A partir de las estrategias de búsqueda y recuperación de registros para cada fuente en función de las palabras clave, fueron consultadas las Bibliotecas de las Facultades de Ciencias Sociales y Medicina y el Centro de Documentación del Instituto de Investigaciones Gino Germani (Universidad de Buenos Aires) en SISBI (Sistema de Bibliotecas y de Información de la Universidad de Buenos Aires);[5] las bases de datos SciELO (Scientific Electronic Library Online);[6] DIALNET.[7] Del resultado de la búsqueda inicial, que no fue tabulado por tipo de base, seleccionamos 98 registros por consensos en el equipo de investigación.

2. Definición de criterios de inclusión en la muestra definitiva: que el artículo exponga los hallazgos de una investigación empírica o desarrolle reflexiones teóricas o recomendaciones de orden práctico. Catorce publicaciones fueron excluidas.

3. Muestra definitiva: 84 publicaciones. La muestra –si bien no representa la producción académica sobre RMP en el período considerado– permitió reflexionar sobre los interrogantes del estudio, dar respuesta a los objetivos general y específicos y, por otro lado, sistematizar las dificultades puestas en evidencia por los criterios de búsqueda y las bases consultadas.

---

5 Sistema que coordina, promueve y lidera la cooperación entre las Unidades de Información del Sistema de Bibliotecas de la Universidad de Buenos Aires (Argentina) para brindar servicios y productos de excelencia a diferentes usuarios, y propiciar la capacitación continua.

6 Biblioteca científica en línea para la publicación electrónica cooperativa de revistas científicas en Internet, especialmente desarrollada para responder a necesidades de comunicación científica en los países en desarrollo y particularmente de América Latina y el Caribe.

7 Proyecto de cooperación bibliotecaria, iniciado en la Universidad de La Rioja, España, que recopila y proporciona acceso fundamentalmente a documentos publicados en España en cualquier lengua, publicados en español en cualquier país o que traten sobre temas hispánicos.

El *corpus* de publicaciones fue leído, discutido y volcado a una base de datos Excel.

Resultados: análisis del estado del arte sobre la relación médico-paciente 1980-2015

Esta sección comprende tres partes. Para conocer las características de las publicaciones del relevamiento, en la primera parte –"Descripción de la literatura"– se buscó describir algunas variables que sitúan los artículos del estado del arte temporal, geográficamente, y respecto del tipo de producción académica. Las partes segunda y tercera están directamente relacionadas con la RMP. En "Caracterización de la RMP" se buscó describir cómo cada publicación abordó dicha relación mediante un análisis cuantitativo de variables definidas previamente. A diferencia de esto, en la tercera sección, "Tematización de la RMP", se buscó, a través de un procedimiento cualitativo –en la línea de la "descripción densa" (Geertz, 1973)– sistematizar ejes conceptuales y debates sobre la RMP.

Descripción de la literatura: año de publicación, país, tipo de producción académica (cuadro 1)

Con relación al año, la mayoría de los 84 artículos que integran este estado del arte es de publicación reciente: 66 (79%) fueron publicados a partir de 2000.

Con relación al país del artículo (definido por la universidad de procedencia de cada autor), la variable fue categorizada de modo excluyente: si el artículo tiene uno o más de un autor de un mismo país, se categorizó ese país; si el artículo tiene más de un autor de diferentes países, la categoría incluyó a todos los países:[8] la mayoría de los artículos

---

[8] Si la universidad o institución no estaba especificada en el artículo, se la consultó en Internet.

(80 artículos, 95%) fueron escritos por uno o más autores de un único país. Estados Unidos es el país en el que se concentran mayor número de publicaciones en esta búsqueda (17 artículos, 20%). Sobre la distribución de los artículos según país de procedencia, cabe señalar la influencia de los idiomas de búsqueda (español e inglés).

Con respecto al tipo de producción académica, la variable fue operacionalizada en tres categorías: producción teórica conceptual (incluye los artículos de carácter teórico, conceptual, reflexivo o revisiones bibliográficas); producción investigativa (incluye los artículos que, además del enfoque teórico, presentan datos resultantes de un trabajo empírico con fuentes primarias y/o secundarias y lineamientos metodológicos); y recomendaciones (incluye artículos cuyo único propósito es la formulación de observaciones y sugerencias; aquellos documentos en los que se formulan recomendaciones como producto secundario de un trabajo empírico fueron categorizados como "investigación empírica"). Los datos indican que en esta muestra, la producción académica en este ámbito comunicacional de la salud incluye tanto reflexiones teóricas cuanto investigaciones empíricas, siendo las primeras ligeramente mayores que las segundas.

Caracterización de la relación médico paciente en la literatura: concepción de paciente, tipo de tratamiento de la relación médico-paciente, presencia del enfoque de género (cuadro 2)

La concepción de paciente presente en la literatura fue un interrogante al que se buscó dar respuesta a través de la elaboración de una variable que permitiera diferenciar aquellos artículos en los que el paciente es presentado (o no) como un sujeto agente. La categorización excluyente de un artículo en una categoría de respuesta es complicada, y hasta arriesgada, porque a lo largo de un texto pueden encontrarse diferentes concepciones o bien falta de nitidez. No obstante, con estas limitaciones como punto de partida, la variable fue categorizada como concepción activa, indefinida y pasiva del paciente. En la primera concepción se incluyeron artículos que se refieren a un paciente que interpela al médico o que explícitamente consideran las inquietudes y los intereses de los pacientes en la búsqueda de información, la incidencia sobre la toma de decisión, etcétera; también se incluyeron artículos en los que las habilidades comunicativas de los profesionales son evaluadas desde una perspectiva centrada en el paciente; y aquellos en los que se indagan percepciones, opiniones y valoraciones de los pacientes respecto de la relación y la comunicación con los profesionales, o bien respecto de la información de páginas web consultadas; es decir, se incluyeron aquellos estudios para los que el paciente es un sujeto agente. En la segunda se incluyeron artículos centrados más en las características de la relación que en los integrantes de la misma. En la tercera se incluyeron artículos en los cuales el acento está en la acción u omisión de los profesionales; en este sentido, son trabajos en los que no se hace referencia a un paciente con capacidad de acción, de decisión o interés en el proceso. Los resultados indican que el paciente es pensado como una persona activa, con derechos y empoderada, por algo más de la mitad de los artículos de la muestra. No obstante, cuatro de cada diez artículos carece de una concepción clara al respecto. De la combinación de las variables *año de publicación* y *concepción de paciente* surge que el 52% de la muestra se concentra en artículos publicados a partir del cambio de siglo y con una concepción activa del paciente. También se observa que el 35%, independientemente de la fecha de publicación, tiene una posición indefinida de paciente.

Respecto del tipo de tratamiento, la mayoría (64%) de los artículos abordan la RMP de manera general (artículos que hacen referencia a la RMP sin especificar una especialidad médica o una patología en el paciente; e incluye –también– aquellos artículos que hacen referencia a la población (en general) que busca información sobre salud utilizando Internet. En el caso del tratamiento específico, se trata de artículos en los que, a diferencia, se señala la especialidad del profesional involucrado en la relación (por ejemplo medicina general, oncología, ginecología, etcétera) y/o el tipo de patología del paciente (por ejemplo pacientes oncológicos, con problemas de salud mental, entre otros), o bien artículos centrados en la relación entre profesionales de la salud y una comunidad/subpoblación específica (como minorías étnicas, poblaciones rurales, sectores económicos vulnerables). Se trata de treinta situaciones específicas, a saber: presencia de Internet (8 menciones); medicina familiar y comunitaria (4 menciones); cáncer (3 menciones); diabetes (3 menciones); clínica en atención primaria de la salud (2 menciones); infertilidad (2 menciones); pacientes minoritarios (2 menciones). Las siguientes concentran una mención en cada caso: cuidados paliativos; ginecología y obstetricia; internaciones; embarazos; pacientes con psoriasis; salud mental.

Respecto del enfoque de género, tomamos una definición amplia para determinar si el enfoque estaba incluido (artículos que abordan la perspectiva o bien que, al menos, tienen en cuenta la distinción varón/mujer en sus análisis) o no (artículos que no abordan la perspectiva de género ni diferencias por sexo (V/M), e incluye trabajos focalizados en varones o mujeres sin análisis de género, por ejemplo artículos sobre aplicaciones de *smartphone* durante el embarazo. Los hallazgos indican que el 87% del estado del arte sobre RMP no plantea perspectiva de género.

Tematización de la relación médico-paciente

La lectura del *corpus* seleccionado estuvo destinada a explorar la diversidad de ejes temáticos que se refieren a la RMP. Estuvo guiada por dos hipótesis de trabajo basadas en los contextos y los procesos desarrollados en la segunda sección de este artículo. La primera se relaciona con los factores que modificaron la RMP en el marco de los procesos modernizadores: los diferentes tipos de presencia de *ehealth* (búsquedas *online* previas o posteriores a la consulta, participación en foros, envío de resultados de estudios por *email*, entre otros), en tanto cambios tecnológicos de la sociedad globalizada, modificaron la relación presencial entre médicos y pacientes. La segunda hipótesis se refiere a las características asumidas por el despliegue de esas modificaciones: no son (al menos por el momento) sustituciones sino coexistencias e inserciones con el modelo anterior.

Desde esos puntos de partida, y tomando en consideración la producción y las reflexiones previas de las autoras en el campo más general de la salud pública y colectiva, en el *corpus* bibliográfico analizado encontramos tres ejes a partir de los cuales la RMP fue tematizada en el período 1980-2015: satisfacción del paciente, modelos de relación, e influencia de Internet (*eHealth*).

Satisfacción del paciente

Este eje temático fue elegido por su presencia en la producción bibliográfica de nuestra muestra durante los años ochenta y noventa, y por el peso asignado a la dimensión comunicacional (si bien entendida como aprendizaje de habilidades) para lograr que el paciente exprese mayor nivel de satisfacción respecto de la relación con el médico y el sistema de salud.

Satisfacción del paciente, comunicación y RMP se interrelacionan en la literatura en una época en la que las ciencias sociales fueron muy activas en la producción sobre salud. La Sociología Médica[9] va a ser reemplazada por la Sociología de la Salud. Esa renovación no fue solo nominal sino que respondió a un cambio de paradigma en la relación

---

[9] La institucionalización científico académica de la Sociología Médica ocurrió ante la creación de una sección propia en la Asociación Sociológica Americana (American Sociological Association) en 1959. Se desarrolla en el ámbito médico, en el cual se realizaban las investigaciones y vertían los resultados (Mendes Diz, 2012).

entre ciencias sociales y medicina, que advirtió la ruptura de la hegemonía del saber médico alcanzada a partir de la eficacia de las acciones en la población, punto medular sobre el cual se construyó el poder médico hegemónico conjuntamente con el monopolio del ejercicio legal y del conocimiento para curar. También es pertinente señalar que una línea de investigación social estuvo permeada por una perspectiva parsoniana sobre la RMP que consideraba al paciente como un enfermo cuyo rol era salir de la "desviación" en la que la enfermedad lo ubicaba para volver a la "normalidad" que lo reintegraría a la sociedad.

Schufer (1983), desde una lectura sociológica, considera que la RMP es "dinámica" y contempla "una mutua definición de roles" pero no por ello la considera igualitaria. Según la autora (1983: 168): "[...] el médico tiene una influencia social y psicológica casi monopólica [...] el paciente debe guardar una especial obediencia al médico, debe renunciar en diversos grados a su autonomía". En el análisis a una muestra de 302 sujetos en la capital argentina, diferencia las razones de satisfacción según nivel socioeconómico: de tipo "emocional" en los pacientes de nivel socioeconómico bajo y de tipo "racional" en los de nivel socioeconómico medio. Al concluir, destaca los aportes que la sociología médica puede aportar a los profesionales de la salud para el conocimiento de los pacientes y el comportamiento humano.

Climent y Mendes Diz (1986) analizan entrevistas a pacientes ambulatorios e internados en torno a la accesibilidad cultural (conocimientos, valores, normas y actitudes sobre la salud, la enfermedad y el sistema de salud focalizados en la satisfacción de las necesidades del paciente en su relación con el médico). Conceptualizan la RMP como "[...] el lugar de encuentro de dos subculturas: los valores, conocimientos, creencias, normas y actitudes serán diferenciales según los grupos de referencia" (1986: 9) aludiendo a un grupo profesional y de clase media en el caso del médico mientras que el paciente se presenta como un individuo condicionado por su nivel socioeconómico, pero también por el posicionamiento desde una "vinculación inquietante" signada por el dolor, la angustia y la necesidad de ayuda. Al momento de iniciar una consulta, este último rasgo es el que caracteriza, sin diferencias sociodemográficas, a la mayoría de los pacientes. Las autoras enfatizan que la insatisfacción de las necesidades de los pacientes, en tanto no se respeten sus valores, creencias y conocimientos, "[...] dificultan el proceso de diagnóstico y tratamiento y restringen la llegada al sistema de atención" (1986: 10). Las cuestiones comunicacionales (verbales y gestuales) surgen como uno de los puntos clave para mejorar la relación, en la cual el médico debería mostrarse "disponible", saber escuchar la palabra pero también el silencio; explicar con lenguaje claro y accesible sobre la enfermedad, el tratamiento y el tiempo que demandará la "curación". De acuerdo con las autoras (1986: 10), si ello ocurre "[...] el paciente estará más dispuesto a comprender y por lo tanto a colaborar en los procesos de recuperación y rehabilitación".

Desde la Medicina Familiar en Chile, Florenzano (1986) centra la RMP en conceptos psicosociales y comunicacionales (la confianza, la comunicación verbal-no verbal, la empatía), y formula recomendaciones y destrezas específicas sobre la situación de entrevista. Una tesis del autor (1986: 23) es que la capacidad para relacionarse con el paciente no es propia del sentido común médico sino que "[...] las destrezas que posibilitan una adecuada relación entre el médico y su paciente tienen bases teórico-técnicas que pueden ser aprendidas y practicadas". A mediados de la década de los años ochenta, el autor apunta al desarrollo tecnológico como un factor que, con oportunidades y riesgos para la relación, se interponía en la díada médico-paciente y constituía un desafío a la Medicina Familiar.

Prece *et al.* (1988), desde una perspectiva microsocial, reflexionan acerca de la importancia de las estrategias familiares para relacionarse con la atención médica y la continuidad de la atención. Plantean que los distintos niveles de autonomía para "elegir" el subsistema de atención (privado, obra social o público) y el médico tratante varían según el nivel socioeconómico de los pacientes. Aun reconociendo esos condicionantes, las autoras destacan las estrategias empleadas en el proceso de atención para evitar las limitaciones estructurales de las condiciones de vida.

Bianconi (1988) analiza el libro de quejas de un hospital público. Encuentra que el número de quejas fue escaso, que las mismas estaban básicamente dirigidas al personal administrativo y, en menor medida, al personal médico. La autora concluye reafirmando la utilidad del análisis del material provisto por un material destinado a recibir reclamos y quejas en una organización hospitalaria, y sistematizando tipos de quejas que, a pesar del tiempo transcurrido, mantienen vigencia (1988: 28-29):

> Los argumentos más frecuentes se refieren al maltrato de personal no médico y al prolongado tiempo de espera. También la información inadecuada, la falta de atención (pacientes que se retiran sin ser atendidos) y la impersonalidad de los procedimientos administrativos aparecen como motivos relevantes. Los cinco motivos relevantes de las quejas se relacionan con las personas individualmente o con la cultura organizacional. En función de ello podemos establecer gradientes de responsabilidades; así la espera y la falta de atención pueden atribuirse preponderantemente a la organización, el maltrato se refiere fundamentalmente a los sujetos y la información inadecuada e impersonalidad son atribuibles tanto a la organización como a las personas. Otro aspecto interesante es el de las pocas quejas registradas en relación con el confort y la higiene, que paradójicamente parecerían ser los temas de mayor preocupación de quienes tienen a su cargo la organización de los servicios [...] deberían tenerse en cuenta las necesidades expresadas por los usuarios, que revelan una seria preocupación por aspectos vinculados con las relaciones interpersonales.

Donabedian (1984, 1991) toma la satisfacción como un indicador de la calidad de la atención, tema central de su obra. Operacionaliza el concepto de calidad en las dimensiones técnico-científica, interpersonal (donde coloca la satisfacción como indicador), y amenidades o condiciones del espacio donde se brinda la atención. El concepto de calidad se refiere al nivel de excelencia que la institución escogió para satisfacer las necesidades del usuario, reconocido como integrante activo del equipo de salud. Para el autor (2001: 104), los pacientes/usuarios "[...] deben aprender a ser menos pacientes, más críticos y más asertivos".

Tres artículos abordan género y comunicación y, a partir de allí, de manera directa e indirecta la satisfacción del paciente. Ainsworth-Vaughn (1998), desde la sociolingüística, considera que la satisfacción de los pacientes varía según se trate de médicos varones o mujeres. Hall *et al.* (1994), si bien no trabajan directamente la satisfacción del paciente, analizan las características de la relación entre médicos y pacientes varones y mujeres en la comunicación verbal y no verbal en cien visitas médicas de rutina. Si bien los hallazgos no son extrapolables a la población general, encuentran diferentes patrones comunicacionales en ambos sexos, especialmente en lo que hace a la comunicación no verbal, siendo la relación entre médicas y pacientes mujeres la que ofrece mayor contraste respecto de la relación entre médicas mujeres y pacientes varones. Hallaron que las mujeres médicas suelen tener actitudes y comportamientos que denotan mayor calidez, empatía, sensibilidad, compromiso, sonríen más y utilizan más expresiones positivas no verbales generando un clima de mayor acercamiento y confianza en comparación con sus pares masculinos. La comunicación que logran las médicas está más centrada en el paciente, abordan con más profundidad aspectos psicosociales y construyen un escenario de mayor protagonismo y participación por parte de los pacientes, lo cual está asociado a mayores niveles de satisfacción. Respecto de las características que puede asumir la relación médico-paciente cuando las médicas mujeres tratan a pacientes varones, señalan que las actitudes y conductas de la profesional mujer parecen devenir menos naturales debido a las tensiones provocadas por estar ocupando un lugar de poder tradicionalmente masculino.

También se observó que los médicos varones no hacen diferencias en la atención según el sexo de sus pacientes. Cooper *et al.* (1999) sostienen que los estudios destinados a investigar la influencia del género de los pacientes en la visita médica muestran que las pacientes mujeres reciben más información, hacen más preguntas, y construyen más a menudo relaciones con los médicos que los pacientes varones. También que las profesionales mujeres dedican más tiempo a la consulta –hasta dos minutos más por paciente–. Estas actitudes y conductas se acrecientan cuando tratan a pacientes mujeres que, por su lado, responden siguiendo las mismas pautas de su médica, brindan más y mejor información y logran un mejor nivel de satisfacción. Un cuarto artículo (Fahy & Smith, 1999), más cercano a la teoría feminista que a la perspectiva de género y opuesto a la visión parsoniana tradicional, considera la/s posición/nes de sujeto adoptada/s en la RMP en tanto aporte teórico para comprender ese encuentro desde el posestructuralismo feminista.

Ong *et al.* (1995), en un artículo destinado a la revisión de la literatura sobre comunicación entre pacientes y médicos, consideran la satisfacción como un resultado de la efectividad asignada por los pacientes a la comunicación con los médicos. Desde la perspectiva de los autores, variables de fondo (como el entorno cultural, los diferentes tipos de médicos y pacientes, los diferentes tipos de relación, y las diferentes enfermedades) influyen en los comportamientos comunicacionales de médicos y pacientes, los que a su vez influyen en los resultados satisfactorios (o no) asignados por los pacientes a la RMP. En la Argentina, Cofreces *et al.* (2014: 27), a partir de un estudio de la bibliografía publicada entre 1990 y 2010, sobre la comunicación en la RMP y su impacto en la satisfacción y adherencia del paciente al tratamiento médico, concluyen en primer lugar que "la importancia de la comunicación en la relación médico-paciente radica en la correlación entre la calidad del proceso comunicativo, la satisfacción del usuario y el cumplimiento de los tratamientos".

Modelos de relación

Este eje temático fue elegido por el interés que, históricamente, despertó la caracterización de modelos entre los estudiosos del tema tanto desde la medicina cuanto desde las ciencias sociales. También fue elegido porque contribuye a expresar el pasaje de un modelo paternalista a otro más autonomista en el "escenario" (Bohórquez, 2004) de la RMP. Tiene presencia a lo largo de todo el período considerado.

Una versión exhaustiva de modelos de relación es presentada por Vidal y Benito (2002: 15):

1. El modelo de la relación cuasi diádica de Pedro Laín Entralgo, con su definición del fundamento de la relación y los momentos de la misma.
2. El modelo interaccional, que se centra en las relaciones, las interacciones y el contexto.
3. El modelo de King postula que en la relación enfermero/a-paciente, las interacciones están constituidas por secuencias de percepción-juicio-acción que se retroalimentan.
4. El modelo de Leary, que analiza los ejes dominación-sometimiento, amor-odio.
5. El modelo de Hollender, que considera la relación desde las posiciones actividad-pasividad, dirección-cooperación, participación mutua y recíproca.
6. Modelos de la bioética. Conceptos de ética, moral, bioética. Principios y reglas. Modelos de Robert Veach: de la ingeniería, sacerdotal, colegial, contractual.

Duarte Nunes (1989), desde la sociología de la salud, buscó recuperar los principales paradigmas que, desde las ciencias sociales, permiten comprender la relación médico paciente. El autor –quien aboga por un análisis de la RMP que considere sus determinaciones sociales y su carácter histórico– presenta los aportes iniciales del modelo sistémico de Henderson y las formulaciones parsonianas, el modelo de Freidson y la crítica estructuralista.

Para Lázaro y Gracia (2006), los cambios en la RMP de las últimas décadas del siglo XX supusieron una transformación "con escasos precedentes históricos" para la cual, según los autores, es necesario analizar los cambios en cada uno de los integrantes de la relación y en la relación misma (2006: 7-8):

> En las últimas décadas del siglo veinte la forma de relacionarse de los médicos y los enfermos cambió más que en los veinticinco siglos anteriores. El paso del modelo paternalista al autonomista supuso una transformación […] afectó a los tres elementos involucrados: 1. El enfermo, que tradicionalmente había sido considerado como receptor pasivo de las decisiones que el médico tomaba en su nombre y por su bien, llegó a finales del siglo veinte transformado en un agente con derechos bien definidos y amplia capacidad de decisión autónoma sobre los procedimientos diagnósticos y terapéuticos que se le ofrecen pero ya no lo imponen. 2. El médico, que de ser padre sacerdotal […] se fue transformando en un asesor técnico de sus pacientes, a los que ofrece sus conocimientos y consejos, pero cuyas decisiones ya no asume. 3. La relación clínica, que de ser bipolar, vertical e infertilizante, se fue colectivizando […], se fue horizontalizando y se fue adaptando al tipo de relaciones propias de sujetos adultos en sociedades democráticas.

Coincidimos con los cambios señalados así como con las reflexiones de los autores sobre dichas transformaciones y, a su vez, entendemos que los cambios acaecidos son procesos cargados de conflicto que se desenvuelven en el marco de las transformaciones y los desafíos de la profesión médica (Llovet, 1997; Oriol Bosch y Pardell Alenta, 2004).

Una parte de la bibliografía sobre modelos de la RMP, a semejanza del eje anterior, se refiere a la adquisición de habilidades y la formulación de recomendaciones comunicacionales en los diferentes modelos (García *et al.*, 1995; Gordon & Sterling Edwards, 1995; Korsch & Harding, 1998; Fahy & Smith, 1999; Vidal y Benito, 2002; Clèries Costa, 2003; Ruiz Moral *et al.*, 2003; Cordella, 2004). Cabe mencionar que entre los aspectos comunicacionales de la RMP, Vidal y Benito (2002: 41) incluyen también la relación entre colegas, la relación del médico con la familia del paciente y la relación del paciente con su familia.

A diferencia de ello, otra línea bibliográfica presenta un abordaje comunicacional crítico que problematiza lo comunicacional en lugar de centrarse en aspectos técnicos (Ong *et al.*, 1995; Barry *et al.*, 2001; Epstein, 2006; Roter & Hall, 2006; Rodríguez Arce, 2008; Gumucio-Dagron, 2010). El último autor mencionado (2010: 72), desde un abordaje integral y participativo de la comunicación, señala:

> Aunque hay cambios positivos en años recientes, la comunicación para la salud ha estado dominada mucho tiempo por el personal de salud y no por personal especializado en comunicación. Esto ha llevado a diseñar programas de comunicación que en lugar de resaltar los valores de la salud, resaltan la problemática de las enfermedades. Es decir, una comunicación sobre la enfermedad, más que una comunicación para la salud. Ese dominio del personal de salud no especializado en el campo de la comunicación, ha derivado frecuentemente en esquemas prescriptivos y verticales, que en síntesis parecen afirmar: "El doctor sabe, el paciente obedece". Por supuesto, el tema es mucho más complejo y tiene que ver con la relación de poder que se establece entre el personal de salud y los pacientes, entre las instituciones de salud y la ciudadanía en general, y entre los administradores de salud y los comunicadores.

También se abordan la evaluación de la autonomía del paciente en la toma de decisiones médicas (De Benedetti Zunino *et al.*, 2006); la participación de los pacientes

(Thompson, 2007); y se reflexiona sobre la RMP desde otras perspectivas como la bioética, el problema de la comunicación de la verdad, y los derechos humanos (Ocampo-Martínez, 2002; Sánchez González, 2007; Gajardo-Ugás, 2009; Skirbekk *et al.*, 2011), la psicología (Mucci, 2007).

Bascuñán (2005) analiza los cambios en la relación a partir de una investigación cualitativa con profesionales médicos en la Región Metropolitana de Chile. Los hallazgos evidencian que la presencia de cambios en la relación clínica –como, por ejemplo, el balance diferente del poder y la autonomía, la percepción de "invasión" de la profesión, y el resquebrajamiento de la confianza– es tanto percibida cuanto negativamente evaluada. Las habilidades requeridas para que los profesionales enfrenten esos cambios deberían enfatizar, para el autor, el saber médico y, también, la capacidad para evaluar la información que trae consigo el paciente.

eHealth: un nuevo actor/soporte en la escena de las relaciones entre médicos y pacientes

Este eje temático fue elegido por la centralidad de las Nuevas Tecnologías de Información y Comunicación (NTIC) para los sistemas de salud nacionales, y para las relaciones entre los actores del sistema de salud (como lo es la RMP). El término fue objeto de revisiones sistemáticas (Pagliari *et al.*, 2005) y cobra presencia en nuestra muestra a partir de 2000.

El conjunto descentralizado de redes de comunicación interconectadas conocido como Internet y sus servicios más difundidos (la web –World Wide Web–, el correo electrónico, la transmisión de archivos, las conversaciones en línea, la mensajería instantánea, los juegos en línea, entre otros) es pensado en este artículo como un soporte sociotécnico articulado con dispositivos biofísicos y tecnológicos que media, de modo cada vez más protagónico, en las relaciones comunicacionales. A su vez, es pensado como un actor social que con su impronta y de modo relacional participa en la construcción de sentido de la sociedad global.

La presencia de este actor/soporte no es entendida de manera determinista. Seguimos las reflexiones de Castells (1999: 31) sobre la presencia y el determinismo de la tecnología: "El dilema del determinismo tecnológico probablemente es un falso problema, puesto que tecnología es sociedad y esta no puede ser comprendida o representada sin sus herramientas técnicas".

Las NTIC –que acompañaron y consolidaron el proceso modernizador de racionalización– tienen presencia en el campo de la salud y la RMP en particular. Se trata de una forma de sociabilidad y producción de significado que, por medio de nuevos lenguajes y prácticas sociales, estructura cuerpos, subjetividades, y vehiculiza estrategias biopolíticas de control social (Foucault, [1978] 1992).

A la comunicación contemporánea se le presentan desafíos teóricos y prácticos: el encuentro con la alteridad en nuevos formatos de asistencia orientados al protagonismo de los pacientes y la configuración subjetiva del acompañamiento (Vasconcellos-Silva y Castiel, 2009); los modos de reconfiguración del lugar de médicos y pacientes en procesos de consulta y atención; la influencia positiva o negativa de las NTIC en la RMP; o la formulación de criterios sobre el tipo y la calidad de información sobre salud en sitios virtuales para lograr búsquedas confiables.

Nwosu y Cox (2000) investigaron, en una muestra de trescientos obstetras y ginecólogos seleccionados aleatoriamente, las percepciones de dichos profesionales en el Reino Unido acerca de las siguientes temáticas: el impacto de Internet en la RMP, el uso de Internet para la búsqueda de información médica, la calidad de esa información, la necesidad de acceso y de entrenamiento en los hospitales. Entre los hallazgos acerca del impacto en la relación a partir de un conjunto de frases se encuentran posiciones negativas y positivas: ocho o más de cada diez consideró que puede confundir a los pacientes (85,6%) y conducirlos a expectativas poco realistas (82,5%); en menor medida, seis de cada diez consideró que Internet puede conducir a un crecimiento de los litigios (61,7%); beneficiar a los pacientes (57,8%); y conducir a que los pacientes estén mejor informados que los médicos (57,8%). Los autores destacan la escasez de habilidades de los entrevistados en el uso de Internet y la necesidad de que las instituciones capaciten sobre su uso a profesionales de la salud.

Barnes *et al.* (2003), en Estados Unidos, realizaron una encuesta entre usuarios de Internet para conocer, entre otros temas, la valoración de criterios destinados a evaluar la información sobre salud en Internet. De los doce criterios presentados – reconocimiento y documentación; autoridad de la fuente; facilidad de uso; divulgación de autores, patrocinadores y desarrolladores; accesibilidad y disponibilidad; links; apoyos para usuarios; vigencia de la información; contenido; audiencia; domicilios de contacto; diseño y estética– para evaluar la información sobre salud de sitios web, los mejor evaluados apuntan a la credibilidad: "reconocimiento y documentación", "autoridad de la fuente" y "facilidad de uso".

Broom (2005a, b) realizó un estudio cualitativo con entrevistas en profundidad a especialistas de cáncer de próstata en Australia para explorar las experiencias atravesadas en el contexto de la consulta médica con pacientes usuarios de Internet. El autor concluye que los especialistas entrevistados se habían adaptado a Internet y a los usuarios de Internet, proceso que el autor entiende como una respuesta estratégica en lugar de una caída de la autoridad y el poder médicos. Más aun, el autor considera que si bien es necesario continuar investigando, Internet tiene potencial para incrementar la autonomía y el empoderamiento de los pacientes en los procesos de decisión.

Kivitz (2006), en Inglaterra, mediante entrevistas por *email* a buscadores de información *online* sobre salud, analizó los motivos de esa búsqueda, los procesos de selección de información, y las implicancias de esas búsquedas en la interacción con el médico. Halló que la información *online* complementa y pone en diálogo a la información dada por el médico en la relación presencial y, por otro lado, la relevancia de los estilos de vida cotidiana en la orientación de las búsquedas de información y las experiencias personales en la navegación virtual. Roter y Hall (2006), en un libro que aborda los distintos tipos de RMP, incluyen los cambios ocasionados por Internet en general y los diferentes caminos que toma la búsqueda de información sobre salud en particular, desde complementar diagnósticos hasta obtener apoyo emocional. Las autoras documentan la incorporación en una consulta de información buscada *online* por los pacientes, así como la necesidad de los profesionales de esclarecer la calidad de esa información. Andreassen *et al.* (2006) observan, a partir de un estudio cualitativo en Noruega, que la confianza en las interacciones *online* entre médicos y pacientes se construye, como otras relaciones sociales, de acuerdo con estándares posmodernos, y que la necesidad de confianza en los profesionales de la salud y el sistema de salud eran claves para comprender el uso de las NTIC por los pacientes.

Jacobson (2007), a través de una revisión en Medline, analiza cómo Internet afecta la consulta y la experiencia de empoderamiento de pacientes. Si bien el interés por el uso de Internet es creciente, ello no significa que durante la consulta esa información se transforme en un motivo de discusión que desafíe la autoridad médica. Respecto de los profesionales de la salud, las respuestas divergen entre la frustración y la aceptación como un beneficio para la consulta. Concluye que los bibliotecarios en instituciones de salud pueden ser un factor que facilite la comprensión de la información buscada *online* y, por ende, la RMP. Rahmqkvitz y Bara (2007), a partir de un análisis de tendencia sobre tres estudios poblacionales realizados en Suecia en 2002, 2003 y 2005, hallaron que hubo un incremento significativo en el uso de Internet durante el período estudiado: el uso entre varones de 20 a 95 años se incrementó del 7% en 2000 al 18% en 2005, y del 9% al 25% en mujeres respectivamente. Los predictores para el uso de Internet como fuente de información fueron edad, sexo, salud percibida, zona de residencia y el tipo de encuentro médico (primero o repetido). Si bien el uso se incrementó en todas las edades, el crecimiento fue significativo en las personas jóvenes y de mediana edad. Wathen y Harris (2007) realizaron entrevistas a mujeres residentes en zonas rurales en Canadá sobre sus experiencias acerca de la búsqueda de información en salud dadas las mayores dificultades de acceso a la salud de las personas residentes en zonas alejadas de grandes centros urbanos. Si bien para paliar esa dificultad el gobierno había buscado empoderar a pacientes y fomentar procesos de autocuidado de la salud a través de información *online*, los hallazgos muestran que buscar información en Internet provee contención emocional en tanto permite el diálogo entre personas con experiencias similares pero también la opción presencial es requerida; y que las mujeres consultadas recurrían a otras estrategias para el cuidado de su salud, como cursos de primeros auxilios, automedicación e información proveniente de personas conocidas.

Algunas conclusiones a las que arriba Lupiañez Villanueva (2008), a partir de un recorrido plurimetodológico y analítico en Catalunya, destacan que las webs de salud analizadas enfatizan más la información que la interacción; y que son los profesionales de la salud (más que las instituciones de salud) quienes ven en ese espacio una oportunidad para la interacción. En palabras del autor (2008: 327):

> Esto pone de manifiesto que el aprovechamiento de las potencialidades de Internet como espacio de interacción es más difícil en los contextos organizativos burocráticos y verticales característicos de las organizaciones proveedoras de servicios sanitarios, donde las resistencias a los cambios necesarios para la difusión de las tecnologías de la información y la comunicación son más intensas.

Respecto de las asociaciones de pacientes, concluye que el empleo de Internet es un medio para difundir informaciones relativas a la finalidad, el funcionamiento, las actividades y el problema de salud que abordan, que el correo electrónico –ampliamente difundido– es utilizado principalmente como canal de comunicación unidireccional, que las aplicaciones de Internet relacionadas con procesos de comunicación más interactivos son menos utilizadas. Respecto de las consecuencias del uso las tecnologías de la información y la comunicación, especialmente Internet, por parte de los ciudadanos sobre la gestión de su problema de salud y la relación profesional sanitario-paciente, concluye que la principal consecuencia del uso de Internet en relación con la salud es el aumento de la información, dado que este medio ofrece un rápido acceso a una gran cantidad de información con relativa facilidad. A pesar de la gran cantidad de internautas que consultan información antes y después de la consulta presencial con el médico, los datos revelan que tan solo una minoría de los individuos comentan con este profesional los resultados de sus búsquedas y que tampoco el médico toma la iniciativa de incluir Internet como medio en su relación con el paciente. Por lo tanto, el aumento del flujo de información aún no ha entrado explícitamente en la consulta presencial, lo que relega Internet al ámbito privado de los individuos y desvía las consecuencias sobre la relación profesional sanitario-paciente.

No obstante, en la medida que los datos del estudio señalan que disponer de mayor información no empeora sino que mantiene o aumenta la salud de los individuos, los autores proponen pensar que estos integran Internet en su gestión del problema de salud en su vida cotidiana y son conscientes de la necesidad de manejar la tensión inherente a su uso: constatando lo práctico y lo útil de esta tecnología pero no adoptando decisiones sobre su diagnóstico o tratamiento. Según los hallazgos de los autores mencionados, el médico continúa siendo la primera fuente de información y aquella en la que más confían los individuos. El escaso uso que realizan los individuos de las aplicaciones de comunicación y servicios en Internet relacionados con la salud es coherente con la escasa presencia detectada en el análisis de webs de este tipo de aplicaciones. A pesar de que los individuos constatan la utilidad de este tipo de aplicaciones para acceder al sistema de salud y/o gestionar con una mayor autonomía sus problemas de salud, las organizaciones proveedoras de servicios sanitarios, tal como resulta del análisis de webs, aún se caracterizan por ofrecer información y no servicios a través de la Red. Esta diferencia entre las expectativas de la población y la prestación de servicios es menor en el caso de la práctica de la medicina privada ya que los profesionales y organizaciones que prestan servicios privados de salud utilizan Internet como espacio de interacción en mayor medida que las entidades públicas. En este sentido, los autores constatan la existencia de una brecha relacionada con el uso de Internet como espacio de interacción entre aquellos que tienen acceso a servicios de salud privados y aquellos que solo acceden a la sanidad pública.

Ya hacia finales de la década y comienzos de la siguiente observamos que si bien se mantiene la preocupación en torno al acceso a información de salud *online*, algunos autores reflexionan sobre la RMP e Internet en términos estructurales y abordan integralmente las lógicas de funcionamiento del sistema de salud.

Jung y Berthon (2009), desde Suiza y Estados Unidos respectivamente, reflexionan teóricamente respecto de la atención de la salud a través de Internet; y consideran que resulta un recurso útil para atender el crecimiento de la demanda de atención a partir del progresivo envejecimiento de la población. Los autores destacaron la aceptación de la atención vía Internet y concluyeron que para que sea efectivo el sistema de acceso a la salud a través de Internet, es necesario que considere creencias y expectativas de los usuarios además de que garantice el fácil acceso.

Laakso *et al.* (2011) en Australia analizan cómo debe estar constituida una plataforma virtual que atienda demandas de salud *online*. Por ejemplo: educar a los usuarios en sistemas de búsqueda de información/acceso a servicios de salud *online*; garantizar calidad y credibilidad de la información; garantizar privacidad. En esta misma línea de indagación, los investigadores norteamericanos Lustria *et al.* (2011) se preguntan sobre la relación entre desigualdades sociales y acceso a servicios de salud *online*. Refieren que recientes iniciativas en *eHealth* alimentan la expectativa de evitar inequidades en el acceso a la salud a través del servicio *online*. Analizan una encuesta nacional de consumo en salud y observan que el solo hecho de que haya información en Internet no elimina las inequidades, las diferencias socioeconómicas trasladan las inequidades a las posibilidades de acceso a Internet; proponen también analizar la dimensión psicológica de los pacientes para medir además posibilidades de acceso. Proponen que el Estado provea educación respecto de habilidades para buscar información de salud *online*. Armstrong *et al.* (2011) analizan un foro *online* de pacientes de diabetes en Inglaterra; afirman que *eHealth* es una alternativa atractiva para los sistemas de salud de cara a un progresivo envejecimiento de la población y al costo asociado a los cuidados de las enfermedades de larga duración. Sobre todo considerando que *eHealth* permite lograr una mayor autogestión del cuidado y mayor control y autonomía del paciente en enfermedades de larga duración. El autor observa que la participación en foros brinda apoyo emocional e instrumental a los pacientes con diabetes, utilizado en mayor proporción por mujeres y adolescentes. Yu-Chan Chiu, en 2011, realizó grupos focales con pacientes de cáncer en Taiwán sobre las RMP cara a cara, donde se incluye en la charla la información hallada *online*. A pesar de que esta permite a los pacientes chequear los conocimientos y decisiones de su médico, la asimetría en la relación de poder entre paciente y médico casi no se alteró. Estos dan cuenta de una herencia cultural en la RMP que emula la relación padre/hijo sostenida por la lógica del confucianismo que propone relaciones jerárquicas en la interacción social. En Taiwán entre el 50 y el 75% de la población navega frecuentemente en Internet, de ellos entre el 50 y el 90% ha buscado información sobre salud *online*, las mujeres y las personas de nivel socioeconómico alto en mayor proporción. Muchas veces se trae a la consulta con el médico lo hallado en la web porque no se sabe cómo interpretar la información, aunque los pacientes tienen cuidado de no ofender al médico cuando se refieren a información hallada *online*. Si el médico tiene habilidades para la comunicación con los pacientes y no siente esto como un desafío a su autoridad, conversar sobre este tipo de información puede resultar positivo para la relación. Hallazgos de este autor dan cuenta de que los pacientes se sienten más confiados y con más tranquilidad cuando buscan información *online* y la comparten con su médico de esta manera. Aunque en ocasiones, el médico aprovecha la oportunidad para cooptar la interpretación sobre esa información y mantener la estructura de poder. En este sentido, el autor encuentra una vinculación entre la necesidad de buscar información *online* y las críticas más habituales de los pacientes a los médicos, que se refiere al trato inhumano y la falta de empatía en la RMP.

En 2012, Stern *et al*. analizan una encuesta en Estados Unidos para indagar las prácticas de búsqueda de información de salud *online*. Entre sus hallazgos dan cuenta de que existen diferencias por género y parentalidad en la forma de realizar estas búsquedas y en las decisiones de acción a partir de esa información (en las mujeres es más habitual que se difunda lo hallado). Es más habitual que las mujeres madres busquen soporte emocional, instrumental y social en la comunicación *online* en lo relativo a salud. Las mujeres tienen más miedo cuando buscan información de salud *online* sobre sus hijos; ambos sexos se sienten aliviados cuando pueden chequear *online* si los síntomas de sus hijos son normales. Las mujeres le hacen preguntas en la entrevista personal al médico sobre lo que las atemorizó *online*. Esto puede estar vinculado a que las mujeres cuidan a los adultos mayores y la información que encuentran puede ser negativa, en cambio, con las generaciones más jóvenes la información puede ser positiva porque son más saludables. También puede estar vinculado a que las mujeres asisten a la consulta con el médico en mayor proporción que los varones. Estos realizan más operaciones *online* que las mujeres en general (pago de cuentas, trámites, entre otras). Esta encuesta no consideró brechas socioeconómicas ni de ningún tipo para el acceso a Internet. Proponen educación pública sobre búsqueda de información en salud en Internet que incluya criterios de fiabilidad para seleccionar lo hallado y tomar en cuenta las emociones que esta operación conlleva en la población usuaria.

De modo coherente con el desarrollo tecnológico que permite que las operatorias virtuales sean cada vez más sofisticadas y abarquen mayor cantidad de acciones, a medida que avanzamos en la línea cronológica encontramos artículos que hacen referencia al análisis de prácticas de atención médica *online*, es decir, instancias de mayor complejidad en el uso de Internet. Así, Wilkowska y Ziefe (2012) a través de la realización de grupos focales y encuestas, analizan la atención médica *online* en Alemania. Afirman que los entrevistados jerarquizaron dos aspectos en la atención médica *online*: la seguridad en la información brindada y la privacidad. En particular, las mujeres adultas sanas son quienes requieren con mayor intensidad que se respeten normas estrictas de seguridad y privacidad respecto de los datos médicos de los pacientes. Weiner (2012), a partir del análisis de datos secundarios de Israel, enumera desafíos para abordar en el futuro. La mayoría de los usuarios del sistema de salud está interesado en usar más aun las herramientas *online* y les gustaría que les enseñaran cómo hacerlo mejor, también desearían que su médico les diera su correo electrónico y celular. Asimismo, la mayoría de los médicos desearía tener orientación respecto de cómo integrar en la consulta la información *online* que el paciente trae.

Rodríguez Blanco *et al.* (2013: 1) en Cuba desarrollan una reflexión sobre la problemática de Internet en el campo de la salud. Dan la siguiente definición de *eHealth*:

> [...] la eSalud, también denominada Cibersalud, es la utilización de las tecnologías de la información y las comunicaciones en el apoyo a la salud, incluida la asistencia médica. Se propone una reflexión alrededor de los conceptos de relación médico-paciente, tecnologías de la información y las comunicaciones, eSalud y la relación entre estos.

Según Rodríguez Blanco y su equipo, se evidencia la despersonalización de la RMP. Este proceso se debe en gran medida, según estos autores, a la tendencia por priorizar las habilidades técnicas, la falta de tiempo y el ritmo acelerado de vida, la burocratización de los vínculos y de relevancia de las estadísticas por sobre la calidad comunicativa. En este sentido, el proceso de despersonalización no es fruto de la creciente presencia de las NTIC, pero se ve potenciado por ello.

Ya en 2015, Bert *et al.* analizan aplicaciones *online* para *tablets* y *smartphones* en Italia para embarazos y partos. Usaron Google como motor de búsqueda e integraron la muestra con 146 páginas web. La mayoría de las aplicaciones no explica de dónde proviene la información y tampoco garantiza que los datos personales que requiere para suscribirse no se usen para fines comerciales, es decir, no existe garantía de fiabilidad de la información ni de la preservación de la privacidad.

Del mismo modo que observamos antes, a pesar de que las líneas de indagación se complejicen en múltiples nuevas dimensiones, la preocupación por el manejo y acceso de información de salud *online* persiste. Yong-Mi Kim en Estados Unidos en 2015 se pregunta cómo los pacientes buscan información *online* a partir del concepto de brecha digital y de la alfabetización y conocimientos informáticos. Realizó observaciones *online* de búsquedas de información de salud. Halló que los individuos con un número significativo de problemas de salud, y pertenecientes a un grupo de ingresos más bajos, son buscadores proactivos de información de salud *online*; sin embargo, son menos propensos a buscar información general.

Del análisis de los tres ejes emergentes se desprenden aspectos que clasificamos por su carácter facilitador u obstaculizador de la RMP (véase cuadro 3). La clasificación presentada no es rígida. Reconocemos las complicaciones que acarrea definir un aspecto como un obstáculo y/o como un facilitador. Por ejemplo, la organización colectiva de pacientes colabora en la calidad integral de la atención médica, sin embargo en ocasiones resulta conflictiva porque cuestiona el saber/práctica médica (Armstrong *et al.*, 2011). Acceder a información sobre salud *online* puede favorecer que el paciente tenga una comunicación más profunda y fluida con el médico, sin embargo ello dependerá de la calidad de la información y de las particularidades de la especialidad médica. Es relativo también el carácter facilitador de Internet, pues sin la capacitación adecuada, por un lado, no se puede garantizar equidad de acceso con la consecuente profundización de las brechas sociales (Lustria, 2011); y por otro lado, en ocasiones en que se generan confusiones, puede provocar una sobrecarga en el sistema de salud (Nwosu y Cox, 2000).

Conclusiones y discusión

En primer lugar, consideramos que el estudio desarrollado en este artículo contribuye a consolidar la producción académica del campo comunicacional de la salud en las dimensiones teórico-conceptual (por el aporte del enfoque adoptado para comprender diferentes niveles comunicacionales), empírica (por los hallazgos respecto de un ámbito comunicacional de la salud como es la RMP) y práctica (porque, en línea con el enfoque adoptado, propone una reflexión sobre las recomendaciones comunicacionales a seguir por profesionales y pacientes).

Respecto de las dimensiones teórica y práctica señaladas, consideramos que el enfoque resultó enriquecedor porque puso en diálogo las miradas comunicacional y social, y ello contribuyó a reubicar conceptualmente la dimensión comunicacional de la RMP. Reubicar significa sacar la comunicación del lugar de herramienta técnica o utilitaria al servicio de la ciencia médica para ubicarla como enfoque mediante el cual construir el concepto y asentar la práctica. Las técnicas y las recomendaciones sobre cómo conducirse –especialmente los profesionales de la salud con los pacientes en una situación puntual cara a cara como es una consulta– son dispositivos valiosos, pero acotados a la búsqueda de un resultado. No se trata de transformar las recomendaciones comunicacionales en elucubraciones teóricas que olviden la realidad en la que se desenvuelve la RMP, sino –siguiendo a Waisbord (2015: 143)– de formular recomendaciones empapadas de aquellos temas que interactúan con el paciente ciudadano (salud como derecho, autonomía, participación del paciente en las decisiones sobre su cuerpo y en la comunicación de diagnósticos y tratamientos, interculturalidad, medios y plataformas virtuales entendidos como recursos sociales) y que los procesos modernizadores plantean como desafío al sistema de salud y sus actores. Por otro lado, comprender los cambios en el sistema de salud y en las relaciones sociales entre sus actores a la luz de los procesos modernizadores y sus paradojas permitió sacar la discusión de los cambios producidos en la RMP del contrapunto tradicional sobre las posibilidades y los controles de las nuevas tecnologías.

Respecto de la dimensión referida a la investigación, los hallazgos –cuyas conclusiones se desarrollan para cada objetivo específico– visibilizan vacíos investigativos, a partir de los cuales formular líneas y diseños de investigación.

Respecto del objetivo I: cuantificar y describir el estado del arte respecto de variables propias de la producción académica (año y procedencia de la publicación, tipo de producción académica), encontramos que la mayoría de los artículos sobre RMP que conforman este estado del arte son recientes (publicados a partir de 2000); y que el mismo incluye producciones de orden conceptual e investigaciones empíricas. Concluimos que las particularidades del proceso exploratorio de relevamiento aumentó el número de artículos de la Argentina y, por otro lado, la inclusión de *"eHealth"* entre las palabras clave de la búsqueda aumentó las publicaciones del año 2000 en adelante dado que fue el período de crecimiento del interés por el tema.

Respecto del objetivo II: caracterizar el contenido del estado del arte respecto de la concepción de paciente, el tipo de tratamiento de la RMP, y la presencia de perspectiva de género, en primer lugar encontramos que en la producción académica de esta búsqueda el énfasis de la RMP es más general que referido a situaciones de salud en particular. En segundo lugar, en relación con la concepción de paciente encontramos que, en sintonía con los procesos contemporáneos descriptos, el paciente no es caracterizado pasivamente sino como una persona activa y con derechos. La perspectiva de género no está ausente pero su presencia es débil, lo que abre una línea teórica y analítica a explorar. Las discusiones metodológicas –sobre el proceso de relevamiento a partir del análisis descriptivo de las características propias de la producción académica y sobre la construcción de categorías de las variables de caracterización del contenido– nos permitieron observar la necesidad de precisar las palabras clave empleadas como descriptores y los criterios de inclusión/exclusión para futuras investigaciones.

Respecto del objetivo III: explorar y comprender los ejes conceptuales y debates a partir de los cuales la relación médico-paciente fue tematizada, analizamos tres temáticas: satisfacción del paciente, modelos de relación médico-paciente, e Internet. En la producción relevada, dichas temáticas no son el resultado de posiciones teóricas contrapuestas sino desencadenantes de las preocupaciones de los diferentes momentos del período analizado.

La satisfacción del paciente mantiene una doble asociación con la RMP en la bibliografía relevada. Por un lado se refiere a una búsqueda –generalmente iniciada por el profesional– que se lograría a través de recomendaciones comunicacionales formuladas desde una visión técnica del saber comunicacional. Un desafío a esas recomendaciones comunicacionales sobre cómo conducirse en la RMP es el modo de abordaje de la autonomía del paciente propio del proceso de diferenciación. Por otro lado se refiere a la medición de sus grados (desde la máxima satisfacción a la máxima insatisfacción) a través de diseños de investigación cuantitativa y cualitativa destinados a producir evidencia para la toma de decisiones a nivel institucional. La necesidad de producción de conocimiento sobre la satisfacción está asociada a los procesos de racionalización (por la búsqueda de estándares y normativas en el desenvolvimiento institucional) y aceleración (por las consecuencias de la aplicación de esos estándares).

Los factores que contribuyen con la satisfacción (la confianza, el tiempo dedicado, etcétera) así como los atributos propios de pacientes, médicos, equipos de salud e instituciones que inciden en el logro de la satisfacción son ampliamente analizados en la literatura.[10] Dos líneas de investigación poco desarrolladas, que sería conveniente

---

10 Respecto de la medición de los grados de satisfacción como indicador de la calidad de la atención recibida por los usuarios de los servicios de salud, cuya producción –si bien no integra el relevamiento de este estudio– creció en la década de los años noventa, cabe mencionar que les reconocemos aportes y coincidimos con las críticas (Necchi, 1998; Petracci, 2005).

profundizar, son la satisfacción del profesional en el sistema de salud (sobre todo pensando, al menos a nivel local, en el incremento de situaciones de violencia en los servicios de salud y las condiciones laborales de los médicos) y la satisfacción en diferentes situaciones de salud desde la perspectiva de género.

Los cambios en los modelos de relación entre médicos y pacientes muestran el pasaje de un modelo paternalista a otro centrado en la autonomía del paciente. Las principales características de ese proceso se sintetizan en el cuadro 4. Una línea de investigación que amerita ser profundizada es la de las representaciones sociales de los profesionales, del personal de salud en general y de los pacientes acerca de esos cambios.

Con relación a *eHealth*, los hallazgos de esta investigación sobre el estado del arte corroboran la línea de las hipótesis de trabajo: la entrada de Internet y la información *online* en la RMP, y la coexistencia de la relación presencial y los aportes de la comunicación *online*. La bibliografía relevada muestra el interés que el acceso y la búsqueda de información sobre salud online despiertan como objeto de estudio, y la presencia explícita o implícita de esa *información* buscada *online* por los pacientes en la escena tradicional de la RMP, y su influencia. Que esa búsqueda contribuya, cada vez, al logro de una interacción depende del interés, los conocimientos y las habilidades de los actores del sistema de salud.

En la línea de las paradojas de los procesos modernizadores planteada, pensamos que Internet provee autonomía al paciente y a la RMP, sin que ello implique desprofesionalización de la medicina. No obstante, abre un espectro de controles y riesgos sobre la información personal volcada en sitios virtuales y, también, de dependencia tecnológica que abarca a pacientes, profesionales y demás actores del sistema de salud.

Los trabajos más recientes abordan las lógicas de funcionamiento de plataformas virtuales para atención de salud *online*. En todos los casos se propone desarrollar tanto instancias de aprendizaje del uso de computadora e Internet para pacientes y médicos, como procedimientos y dispositivos, con el objetivo de que el acceso a la información y a la atención en salud sea eficiente y logre alcanzar a la mayor cantidad de usuarios posible. Si bien es cierto que los resultados de la investigación del estado del arte relevado dan cuenta de aspectos negativos de *eHealth*, también lo es que ningún autor cuestiona la existencia actual y futura de este nuevo actor/soporte.

Respecto de la discusión, consideramos que la búsqueda del estado del arte presenta limitaciones respecto de las bases consultadas, la definición de palabras clave, los idiomas de búsqueda (lo que ocasionó una escasa presencia de artículos en portugués procedentes de Brasil, país con una frondosa trayectoria en la producción sobre esta temática), y el número de artículos resultante. Aun con los límites al alcance de los resultados, la lectura y el análisis de los artículos permitió explorar los interrogantes iniciales, sistematizar las dificultades metodológicas y contar con evidencia para pensar diseños metodológicos que tomen a *eHealth* como objeto de investigación.

Las palabras clave más significativas fueron "RMP" e "*eHealth*". Sobre esta última, consideramos conveniente ampliar las modalidades que la integran (foros de consulta, búsquedas *online*, *email*, aplicaciones para celulares, entre otros) (Weiner, 2012). Respecto de "género", si bien es vital en nuestra experiencia como investigadoras, consideramos que es más lo que refuerza al abordaje teórico que lo aportado como palabra clave.

Las líneas de investigación a futuro planteadas nos enfrentan a un cierre abierto del artículo. Primero, porque no se trata de un señalamiento exhaustivo de temas a investigar, sino que los cambios tecnológicos que seguramente atravesarán las sociedades, y el desenvolvimiento de las relaciones humanas ante la salud y la enfermedad, despertarán nuevos interrogantes que desafiarán la construcción teórica de problemas de investigación y los diseños metodológicos. Segundo, porque se mantiene vigente la consolidación de un diálogo entre profesionales de la salud y cientistas sociales sobre la dimensión comunicacional de la compleja relación abordada en este artículo.

Referencias bibliográficas

Ainsworth-Vaughn, N. (1998). *Claiming Power in a Doctor-Patient Talk*. New York: Oxford University Press.

Ajzen, I. & Fishbein, M. (1980). *Understanding Attitudes and Predicting Social Behavior*. Englewood Cliffs, New Jersey: Prentice-Hall.

Alcalay, R. (1999). "La comunicación para la salud como disciplina en las universidadesestadounidenses". *Revista Panamericana de Salud Pública*, vol. 5 n° 3, marzo, Washington.

Andersson, M.; Eklund, M.; Sandlund, M. & Markström, U. (2016). "Freedom of Choice or Cost Efficiency? The Implementation of a Free-Choice Market System in Community Mental Health Services in Sweden". *Scandinavian Journal of Disability Research* 18 (2), 129-41.

Andreassen, H. K.; Trondsen, M.; Kummervold, P. E.; Gammon, D. & Hjortdahl, P. (2006). "Patients who Use E-mediated Communication with Their Doctor: New Constructions of Trust in the Patient-Doctor Relationship". *Qualitative Health Research* 16 (2), 238-248.

Armstrong, N.; Koteyko, N. & Powell, J. (2011). "'Oh, Dear, Should I Really be Saying that on Here?': Issues of Identity and Authority in an Online Diabetes Community". *Health Journal* 16 (4) 347-365. Recuperado de: http://hea.sagepub.com (consulta: mayo de 2015).

Bandura, A. (1971). *Social Learning Theory*. Englewood Cliffs, Nueva Jersey: Prentice Hall.

Barnes, M.; Penrod, C.; Neiger, B.; Merrill, R.; Thakeray, R.; Eggett, D. & Thomas, E. (2003). "Measuring the Relevance of Evaluation Criteria Among Health Information Seekers on the Internet". *Journal of Health Psychology* Vol. 8 (1), 71-82. Recuperado de: online.sagepub.com (consulta: mayo de 2015).

Barry, Ch.; Stevenson, F.; Barber, N. & Bradley, C. (2001). "Giving Voice to The Lifeworld. More Humane, More Effective Medical Care? A Qualitative Study of Doctor-Patient Communication in General Practice". *Social Science and Medicine* 53, 487–505.

Bascuñán Ra, M. Luz. (2005). "Cambios en la relación médico paciente y nivel de satisfacción de los médicos". *Revista Médica de Chile* 133 (1): 11-16.

Bauman, Z. (2003). *Modernidad líquida*. 1ra. ed. Buenos Aires: Fondo de Cultura Económica.

Bauman, Z. (2010). *Mundo consumo. Ética del individuo en la aldea global*. 1ra. ed. Buenos Aires: Paidós.

Bauman, Z. (2011). *Tiempos líquidos. Vivir en una época de incertidumbre*. Barcelona: Tusquets.

Beck, U. (1996). "Teoría de la sociedad del riesgo". En Beriain, J. (comp.). *Las consecuencias perversas de la modernidad: modernidad, contingencia y riesgo*. Barcelona: Antrophos, pp. 201-222.

Beck, U. (1997). "La reinvención de la política: hacia una teoría de la modernización reflexiva". En Giddens, A. y Lash, S. *Modernización reflexiva*. Madrid: Alianza Editorial, pp. 13-73.

Beck, U. (2002). *La sociedad del riesgo global*. 1ra. ed. Buenos Aires: Siglo XXI.

Beck, U. (2005). "Risk Society". En Ritzer, G. (ed.). (2002). *Encyclopedia of Social Theory*. Sage Publications, Inc., pp. 648-650.

Beck, U.; Giddens, A. y Lash, S. (1997). *Modernización reflexiva: política, tradición y estética en el orden moderno*. 1ra. ed. Madrid: Alianza Editorial.

Becker, M. (1974). *The Health Belief Model and Personal Health Behavior*. New York: Health Education Monographs.

Bergmann, W. (1992). "The Problem of Time in Sociology: An Overview of the Literature on the State of Theory and Research on the 'Sociology of Time' 1900-82". *Time & Society* 1 (1): 81-134.

Bert, F.; Passi, S.; Scaioli, G.; Gualano, M. & Siliquini, R. (2015). "There Comes a Baby! What Should I Do? Smartphones' pregnancy-related applications: a web-based overview". *Health Informatics Journal* 1-10. Recuperado de: online.sagepub.com (consulta: mayo de 2015).

Bhakoo, V. & Choi, T. (2013). "The Iron Cage Exposed: Institutional Pressures and Heterogeneity across the Healthcare Supply Chain". *Journal of Operations Management* 31 (6): 432-49.

Bianconi, Z. (1988). "¿Por qué se quejan los pacientes?". *Medicina y Sociedad,* Vol. 11, Números 1 y 2, pp. 25-29.

Bohórquez, F. (2004). "El diálogo como mediador de la relación médico-paciente". *Revista Electrónica de la Red de Investigación Educativa* Vol. 1, N° 1 (julio-diciembre). Recuperado de revista.iered.org (consulta: mayo de 2015).

Boltansky, L. (1975). *Los usos sociales del cuerpo*. Buenos Aires: Ediciones Periferia.

Broom, A. (2005a). "Medical Specialists' Accounts of the Impact of the Internet on the Doctor/Patient Relationship". *Health: An Interdisciplinary Journal for the Social Study of Health, Illness and Medicine*. London, Vol. 9 (3): 319-338. Recuperado de: online.sagepub.com (consulta: mayo de 2015).

Broom, A. (2005b). "Virtually He@lthy: The Impact of Internet Use on Disease Experience and the Doctor-Patient Relationship". *Qualitative Health Research*, Vol. 15, N° 3, March, pp. 325-345. DOI: 10.1177/ 1049732304272916.

Casas, L.; Cuberli, M. y Demonte, F. (2004). "La comunicación en el ámbito de la salud: perspectivas para repensarla". *Salud y Población* N° 4, Buenos Aires: Dirección de Capacitación y Desarrollo GCBA.

Castells, M. (1999). *La era de la información. Economía, sociedad y cultura. Volumen I. La sociedad red.* Buenos Aires: Siglo XXI.

CESS (Centro de Estudios Sanitarios y Sociales) (1979). *Cuadernos Médico Sociales 7*, Rosario: Asociación Médica de Rosario, marzo.

Chiu, Yu Chan (2011). "Probing, Impelling, but not Offending Doctors: The Role of The Internet as An Information Source for Patients' Interactions with Doctors". *Qualitative Health Research* 21 (12), pp. 1658-1666. Recuperado de: online.qhr.sagepub.com (consulta: mayo de 2015).

Clèries Costa, X.; Borrell Carrió, F.; Epstein, R.; Kronfly Rubianoa, E.y Escoda Arestéa, J. (2003). "Aspectos comunicacionales: el reto de la competencia de la profesión médica". *Atención Primaria* 32 (2): 110-7.

Clavreul, J. (1978). "No existe relación médico paciente". *Cuadernos Médico Sociales 7*: 32-50. Asociación Médica de Rosario, marzo.

Climent, G. y Mendes Diz, A.M. (1986). "Accesibilidad cultural: Satisfacción de las necesidades en la relación médico paciente". *Revista Internacional de Medicina Familiar* 3 (4): 8-13.

Cófreces, P.; Ofman, S. y Stefani, D. (2014). "La comunicación en la relación médico-paciente. Análisis de la literatura científica entre 1990 y 2010". *Revista de Comunicación y Salud*, Vol. 4, pp. 19-34.

Cooper-Patrick, L.; Gallo, J.; Gonzales, J.; Hong Thi Vu & Powe, N. (1999). "Race, Gender and Partnership in the Patient-Physician Relationship". *JAMA* 282 (6), 583-589.

Cordella, M. (2004). *The Dynamic Consultation: A Discourse Analytical Study of Doctor–Patient Communication*. Pragmatics and Beyond New Series, Volume 28. Amsterdam/ Philadhelpia: John Benjamins Publishing Company.

Cuberli, M. y Soares de Araújo, I. (2015). "Las prácticas de la comunicación y salud: intersecciones e intersticios". En Petracci, M. (coord.) (2015). *La salud en la trama comunicacional contemporánea*. Buenos Aires: Prometeo.

Epstein, R. (2006). "Making Communication Research Matter: What Do Patients Notice, What Do Patients Want, and What Do Patients Need?". *Patient Education and Counseling* 60 (3): 272-78.

De Benedetti Zunino, M.; Carvajal, S. y Bandrés Sánchez, M. (2006). "Evaluación de la autonomía del paciente en el proceso de la toma de decisiones médicas". *Revista Médica Herediana* 17(1): 21-27.

Del Pozo Cruz, J.T.; Román San Miguel, A.; Alcántara López, R. y Domínguez Lázaro, M.R. (coords.) (2015). *Medios de comunicación y salud*. Sevilla: Astigi.

DiMaggio, P. J. & Powell, W.W. (1983). "The Iron Cage Revisited: Institutional Isomorphism and Collective Rationality in Organizational Fields". *American Sociological Review* 48 (2): 147-60.

Domínguez Mon, A.; Mendes Diz, A.; Schwarz, P. y Camejo, M. (2012). *Usos del tiempo, temporalidades y géneros en contextos*. 1ra. ed. Buenos Aires: Antropofagia.

Donabedian, A. (1984). *Calidad de la atención médica. Definición y métodos de evaluación*. México D.F.: La Prensa Médica Mexicana.

Donabedian, A. (1991). "Una aproximación a la monitorización de la calidad asistencial". *Control de calidad asistencial* 16, 6-8,102-106.

Donohew, L. (1991). *Persuasive Communication and Drug Abuse Prevention*. Lawrence Eribaum Associates, Nueva Jersey: Hillsdale.

Duarte Nunes, E. (1989). "Relación médico paciente y sus determinantes sociales". *Cuadernos médico sociales* 48: 29-38.

Durkheim, E. ([1893] 1987). *La división del trabajo social*. Madrid: Akal.

Exworthy, Mark (2015). "The Iron Cage and the Gaze? Re-Interpreting Medical Control in the English Health System". *Professions & professionalism* 5 (1): 1-14.

Fahy, K. & Smith, P. (1999). "From the Sick Role to Subject Positions: A New Approach to the Medical Encounter". *Health (London)* 3: 71.

Florenzano, R. (1986). "La relación médico-paciente en la medicina familiar". *Revista Internacional de Medicina Familiar*. Nº 3, pp. 23-27.

Foucault, M. ([1963] 2001). *El nacimiento de la clínica. Una arqueología de la mirada médica*. Buenos Aires: Siglo Veintiuno Editores.

Foucault, M. ([1976] 2010). *Historia de la sexualidad I: La voluntad de saber*. 2da. ed. Buenos Aires: Siglo Veintiuno Editores.

Foucault, M. ([1978] 1992). *Microfísica del poder*. Madrid: La Piqueta.

Gajardo Ugás, A. (2009). La comunicación de la verdad en la relación médico-paciente terminal. *Acta bioethica* 15 (2): 212-15.

Geertz, C. (1973). *The Interpretation of Culture. Selected Essays*. New York: Basis Books.

Giddens, A. (2007). *Un mundo desbocado. Los efectos de la globalización en nuestras vidas*. 1ra. ed. México DF: Taurus.

Gumucio-Dagron, A. (2010). "Cuando el doctor no sabe. Comentarios críticos sobre promoción de la salud. Comunicación y Participación". *Época II. Estudios sobre las Culturas Contemporáneas* XVI (31): 67-93.

Hall, J.; Irish, J.; Roter., D.; Ehrlich, C. & Miller, L. (1994). "Gender in Medical Encounters: an Analysis of Physician and Patient Communication in a Primary Care Setting". *Health Psychology* 13 (5), 384-392.

Harvey, D. (2008). *La condición de la posmodernidad. Investigación sobre los orígenes del cambio cultural.* 2da. ed. Buenos Aires: Amorrortu.

Indij, G. (2008). *Sobre el tiempo.* 1ra. ed. Buenos Aires: La Marca.

Jacobson, P. (2007). "Empowering the Psysician-Patient relationship: The Effect of the Internet", *Canadian Journal of Library and Information Practice and Research,* 2 (1), 1-13.

Jiménez Becerra, A. (1996). "El estado del arte en la investigación en las ciencias sociales". En Jiménez Becerra, A. y Torres Carrillo, A. (comps.) (2006). *La práctica investigativa en ciencias sociales.* DCS, Departamento de Ciencias Sociales. UPN, Universidad Pedagógica Nacional, Bogotá, Colombia. ISBN: 958-8226-21-X.

Jung, M.L. & Berthon, P. (2009). "Fulfilling the Promise: a Model for Delivering Successful Online Health Care". *Journal of Medical Marketing* Vol. 9, N° 3, 243-254. Recuperado de: http//palgrave-journals.com (consulta: mayo 2015).

García, D.; Rucker, S.; De Kerschen, S.; Arguello, M.; Ustarroz, F. y Pérez, G. (1995). La comunicación en la relación médico paciente. *Claves en Medicina y Psicoanálisis,* abril, N° 7.

Gordon, T. & Sterling Edwards, W. (1995). *Making the Patient your Partner: Communication Skills for Doctors and Others Caregivers.* EE.UU: GreenWood Publishing Group.

Kim, Y. (2015). "Is Seeking Health Information Online Different from Seeking General Information Online?" *Journal of Information Science,* 41 (2), 228-241.

Kitchener, M. (2002). "Mobilizing the Logic of Managerialism in Professional Fields: The Case of Academic Health Centre Mergers". *Organization Studies* 23 (3): 391-420. doi: 10.1177/0170840602233004.

Kitchener, M. & Mertz, E. (2012). "Professional Projects and Institutional Change in Healthcare: The Case of American Dentistry". *Social Science and Medicine* 74 (3): 372-80. doi: 10.1016/j.socscimed.2010.10.005.

Kivitz, J. (2006). "Informed Patients and the Internet. A Mediated Context for Consultations with Health Professionals". *Journal of Health Psychology* Vol. 11 (2), 269-282.

Korsch, B. & Harding, C. (1998). *The Intelligent Patient's Guide to Doctor Patient Relationship*. New York: Oxford University Press.

Laakso, E.; Armstrong, K. & Usher, W. (2011). "Cyber-Managment of People with Chronic Disease: a Potential Solution to eHealth Challenges". *Health Education Journal* 71 (4), 483-490. Recuperado de: online.sagepub.com (consulta: mayo de 2015).

Lázaro, J. y Gracia, D. (2006). "La relación médico-enfermo a través de la historia". *Anales del Sistema Sanitario de Navarra* 29 (3), 7-17.

Llovet, J. (1997). "Transformaciones en la profesión médica. Un cuadro de situación al final del siglo. En Bronfman, M. y Castro, R. (comps.) (1999). *Salud, cambio social y política. Perspectivas desde América Latina*. México DF: EDAMEX, pp. 335-349.

Lupiañez-Villanueva, F. (2008). *Internet, salud y sociedad. Análisis de los usos de Internet relacionados con la salud en Catalunya*. Tesis de doctorado. Universitat oberta de Catalunya.

Lustria, M.L.A.; Smith, S. A. & Hinnant, C. (2011). "Exploring Digital Divides: an Examination of eHealth Technology Use in Health Information Seeking, Communication and Personal Health Information Managment in the USA", *Health Informatics Journal* 17 (3), 224-243. Recuperado de: online.sagepub.com (consulta: mayo de 2015).

Mead, G. (1973). *Espíritu, persona y sociedad*. 1ra. ed. Barcelona: Paidós Básica.

Mendes Diz, A. (2012). "Las enfermedades crónicas. Un nuevo paradigma de abordaje desde lo médico y lo social". En Domínguez Mon, A.; Mendes Diz, A.; Schwarz, P.; Rosas, M.; Estrella, P. & Caruso, P. (comps.). *Agencia y cuidados en personas que viven con enfermedades crónicas no transmisibles*. Documento de Trabajo del Instituto de Investigaciones Gino Germani Nº 60.

Merton, R. ([1934] 2002). "La división del trabajo social de Durkheim". *REIS: Revista española de investigaciones sociológicas* 99 (2): 201-9.

Mucci, M. (2007). "La relación médico-paciente: ¿un vínculo distinto o distante?". *Psicodebate. Psicología, Cultura y Sociedad* 8: 61-78.

Necchi, S. (1998). "Los usuarios como protagonistas". Programa de Educación a Distancia "Nuevas Formas de Organización y Financiación de la Salud", *Medicina y Sociedad* e Instituto Universitario CEMIC.

Nowotny, H. (1992). "Time and Social Theory: Towards a Social Theory of Time". *Time & Society* 1 (3): 421-54. doi: 10.1177/0961463X92001003006.

Nwosu, Ch. & Cox, B. (2000). "The Impact of the Internet on the Doctor-Patient Relationship ". *Health Informatics Journal* 6, 156-161.

Obregón, R. & Waisbord, S. (eds.) (2012). *The Handbook of Global Health Communication*. Hoboken, NJ: Wiley- Blackwell.

Ocampo-Martínez, J. (2002). "La bioética y la relación médico-paciente". *Cirugía y Cirujanos* 70 (1): 55-59.

Ong, L.; De Haes, J.; Hoos, A. & Lammes, F. (1995). "Doctor-Patient Communication: a Review of the Literature". *Social Science & Medicine*. 40 (7): 903-18.

Oriol Bosch, A. y Pardell Alenta, H. (2004). "El nuevo profesionalismo médico: una ideología expresada en conductas". *Monografías Humanitas* 7. Barcelona: Fundación Medicina y Humanidades Médicas.

Orozco Gómez, G. (1994). "El comunicador frente a la recepción", *Al rescate de los medios*, México: Universidad Iberoamericana.

Pagliari, C.; Sloan, D.; Gregor, P.; Sullivan, F.; Detmer, D. & Kahan, J. P. (2005). What is eHealth (4): a scoping exercise to map the field. *Journal of Medical Internet Reserach* 7 (1): e9. doi: 10.2196/jmir.7.1.e9.

Petracci, M. (2005). "La perspectiva de los profesionales de la salud sobre la calidad percibida por los usuarios/as: dos opiniones en coincidencia". *Revista Question*, Sección Informes de Investigación, volumen 7, setiembre. Recuperado de: perio.unlp.edu.ar/question (consulta: mayo de 2015).

Petracci, M. (2012). "Comunicación y salud: un campo diverso y pujante". *Organicom*, Revista Brasileira de Comunicaçao Organizacional e Relaçoes Publicas, Año 9, Ediçao Especial, números 16/17, pp. 40 a 49.

Petracci, M. (2015). "Ámbitos público y mediático en Comunicación y Salud". *Correspondencias & Análisis* N° 5, quinta edición de aniversario, Revista del Instituto de Investigación, Escuela de Ciencias de la Comunicación, Universidad San Martín de Porres, Lima, Perú, pp. 268-288. p-ISSN: 2224-235x. p-ISSN: 2304-2265.

Petracci, M. (coord.) (2015). *La salud en la trama comunicacional contemporánea*. Buenos Aires: Prometeo.

Petracci, M. y Waisbord, S. (comps.) (2011). *Comunicación y salud en la Argentina*. Buenos Aires: La Crujía Ediciones.

Prece G.; Necchi, S.; Adamo, C. y Schufer, M. (1988). "Estrategias familiares frente a la atención de la salud". *Medicina y Sociedad* Vol. 11, N° 1 y 2, pp. 2-11.

Rahmqkvitz, M. & Bara, A.C. (2007). "Patients Retrieving Additional Information via the Internet: A Trend Analysis in a Swedish Population, 2000-05 ". *Scandinavian Journal of Public Health* 35: 533-539.

Reay, T. & Hinings, C.R. (2005). "The Recomposition of an Organizational Field: Health Care in Alberta". *Organization Studies* 26 (3): 351-84.

Rodríguez Blanco, S.; Gómez, J. A.; Hernández, J. C.; Ávila, D. M.; Guerra, J. C. P. y Miró, F. V. (2013). "Relación médico paciente y la eSalud". *Revista Cubana de Investigaciones Biomédicas*, 32 (4), 411-420.

Rodríguez Gómez, R. y Rodríguez Paipilla, M. (2016). "Organismos genéticamente modificados, seguridad alimentaria y salud: trascendiendo la epidemiología y la salud pública". *Revista Salud Bosque*, Universidad El Bosque 5 (2): 67-78.

Rodríguez, E. (2013). "Temas éticos en investigación internacional con alimentos transgénicos". *Acta Bioethica* 19 (2): 209-18.

Rodríguez Arce, M. (2008). *Relación médico-paciente.* La Habana: Editorial Ciencias Médicas.

Rosa, H. (2011). "Aceleración social: consecuencias éticas y políticas de una sociedad de alta velocidad desincronizada". *Persona y Sociedad* XXV (1): 9-49.

Rosa, H. y Scheuerman, E. (2009). *High-Speed Society: Social Acceleration, Power, and Modernity.* First Edition. Pennsylvania: Pennsylvania State University Press.

Roter, D. & Hall, J. (2006). *Doctors Talking with Patients/ Patients Talking with Doctors: Improving Communication in Medical Visits.* Second Edition. Praeger Publishers.

Ruiz Moral, R.; Rodríguez, J. y Epstein, R. (2003). "¿Qué estilo de consulta debería emplear con mis pacientes? Reflexiones prácticas sobre la relación médico-paciente". *Atención Primaria* 32 (10): 594-602.

Sánchez González, J. (2007). "La relación médico-paciente. Algunos factores asociados que la afectan". Revista *CONAMED* 12 (1): 21-29.

Scaff, L. (2005). "Rationalization". En Ritzer, G. (ed.) (2005). *Encyclopedia of Social Theory* II: 624-27.

Schufer, M. (1983). "Aspectos sociológicos de la relación médico-paciente". *Medicina y Sociedad* 6 (4): 166-169.

Sebastian-Ponce, M.; Sanz-Valero, J. y Wanden-Berghe, C. (2014). "Los usuarios ante los alimentos genéticamente modificados y su información en el etiquetado". *Revista de Saude Publica* 48 (1): 154-69.

Skirbekk, H.; Middelthon, A.; Hjortdahl, P. & Finset, A. (2011). "Mandates of Trust in the Doctor-Patient Relationship". *Qualitative Health Research* 21 (9): 1182-90.

Stern, M.J.; Cotten, S.R. y Drentea, P. (2012). "The separate spheres of online health: gender, parenting, and online health information searching in the information age". *Journal of Family Issues*, 33 (10), 1324-1350. Recuperado de: jfi.sagepub.com (consulta: mayo de 2015).

Thompson, A. (2007). "The Meaning of Patient Involvement and Participation in Health Care Consultations: A Taxonomy". *Social Science and Medicine* 64 (6): 1297-1310.

Towle, A. (2016). Editorial: "Onde está a voz do paciente na educação profissional em saúde?". *Interface* Vol. 20, N° 57, Botucatu Apr./June. Recuperado de https://goo.gl/pRCKkw (consulta: mayo de 2015).

Vasconcellos-Silva, P. R. y Castiel, L. D. (2009). "As novas tecnologías de autocuidado e os riscos do autodiagnóstico pela Internet". *Revista Panamericana de Salud Pública*, 26 (2): 172-175.

Vidal y Benito, M. (2002). *Acerca de la buena comunicación en medicina.* 1ra. ed. Buenos Aires: Instituto Universitario CEMIC.

Waisbord, S. (2001). "Family Tree of Theories, Metho-
dologies and Strategies in Development Communication: Convergences and Differences". *La Iniciativa
de Comunicación*. Recuperado de: comminit.com/es/
node/1547 (consulta: mayo de 2015).

Wathen, N. & Harris, R. (2007). "'I Try to Take
Care of It Myself'. How Rural Women Search for
Health Information". *Qualitative Health Research Journal* Vol. 17, N° 5, may, 639-651. Recuperado de:
online.sagepub.com (consulta: mayo de 2015).

Weber, M. ([1922] 1974). *Economía y sociedad: esbozo
de sociología comprensiva*, vol. I. México: Fondo de
Cultura Económica.

Weiner, J. (2012). Doctor-Patient Communication in the
e-Health Era. *Israel Journal of Health Policy Research*
1 (1): 33.

Whittock, M.; Edwards, Ch.; McLaren, S. & Robinson,
O. (2002). "The Tender Trap: Gender, Part-time
Nursing and the Effects of 'Family-Friendly' Policies
on Career Advancement". *Sociology of Health and
Illness* 24 (3): 305-26.

Wilkowska, W.; Ziefle, M. (2012). "Privacy and data
security in E-health: requirements from the users
perspective". *Health Informatics Journal*, 18 (3),
191-201. Recuperado de: hij.sagepub.com (consulta:
mayo de 2015).

Zimbardo, P. & Boyd, J. (1999). "Putting Time in
Perspective: A Valid, Reliable Individual-Differences
Metric", *Journal of Personality and Social Psychology*
77 (6): 1271-88.

Anexo cuadros

Cuadro 1. Año y década, país y tipo de producción académica del estado del arte sobre la RMP

Menciones N: 84	
Año y década de publicación de la producción académica	
1983	1
1986	2
1988	2
1989	1
Década años 80	**6**
1991	2
1994	1
1995	3
1998	3
1999	3
Década años 90	**12**
2000	1
2001	1
2002	3
2003	4
2004	4
2005	4
2006	8

2007	8
2008	2
2009	3
Década 2000-2010	**38**
2010	2
2011	8
2012	7
2013	4
2014	3
2015	4
Década 2010-2015	**28**
País	
Estados Unidos	17
Argentina	13
España	7
Gran Bretaña	7
Chile	6
Cuba	5
Alemania	3
Australia	3
Canadá	3
México	3
Bolivia	2
Colombia	2

Noruega	2
Taiwán	2
Brasil	1
España/Estados Unidos	1
Holanda	1
Israel	1
Italia	1
Perú	1
Suecia/Omán	1
Suecia/Rumania	1
Suiza/Estados Unidos	1
Tipo de producción académica	
Producción teórica conceptual	45
Producción investigativa	37
Recomendaciones	2

Nota: dado el excesivo número de categorías de las dos primeras variables y el tamaño de la muestra, los datos del cuadro 1 se presentan en valores absolutos.

Cuadro 2. Concepción de paciente, tipo de tratamiento de la RMP y presencia de enfoque de género en el estado del arte sobre la RMP

Menciones N: 84	
Concepción de paciente	
Concepción de un paciente activo, con derechos	46 (55%)
Concepción indefinida del tipo de paciente	35 (42%)
Concepción de un paciente pasivo	3 (4%)
Año de publicación del artículo y concepción de paciente	
Hasta 1999 – Concepción de un paciente activo, con derechos	2 (2%)
Hasta 1999 – Concepción indefinida del tipo de paciente	15 (18%)
Hasta 1999 – Concepción de un paciente pasivo	1 (1%)
2000 en adelante – Concepción de un paciente activo, con derechos	44 (52%)
2000 en adelante – Concepción indefinida del tipo de paciente	20 (24%)
2000 en adelante – Concepción de un paciente pasivo	2 (2%)
Tipo de tratamiento de la RMP	
General	54 (64%)

Específica	30 (36%)
Presencia de enfoque de género	
SÍ	73 (13%)
NO	11 (87%)

Cuadro 3. Facilitadores y obstaculizadores de la RMP

Facilitadores	Obstaculizadores
Empatía/Afectividad	Lenguaje técnico específico
Información en Internet	Información en Internet
Empoderamiento del paciente	Poder del médico
Organización de redes de pacientes	Condiciones mercantiles de la atención en salud
Derechos de los pacientes	Abuso de litigios legales hacia la práctica médica
Atención médica a través de Internet	Falta de legislación que proteja la difusión de la información médica de los pacientes
Formación de médicos con participación de pacientes	Falta de tiempo en la consulta
Preocupación médica por la satisfacción del paciente	Mediación tecnológica e impersonalidad

Fuente: elaboración de las autoras.

Cuadro 4. Síntesis del proceso de transformaciones en la RMP

Modelo paternalista	Transformaciones del modelo paternalista hacia un modelo tendiente a la autonomía
Sostenido en un paciente receptor pasivo de las decisiones médicas.	Sostenido en un paciente agente con derechos definidos y autonomía de decisión sobre procedimientos diagnósticos y terapéuticos.
Preocupación médica por la satisfacción del paciente basada en la legitimidad del poder médico por su conocimiento experto hegemónico.	Preocupación médica por la satisfacción del paciente basada en la legitimidad del poder médico tanto por su conocimiento experto cuanto por la consideración de cambios tecnológicos, comunicacionales y bioéticos.
Formación de médicos en el ámbito médico.	Formación de médicos, si bien de manera incipiente, con participación de pacientes.
Formación profesional basada en el conocimiento experto a ejercer desde un modelo verticalista, paternalista y hasta autoritario.	Formación profesional basada en el conocimiento experto a ejercer desde un modelo más horizontal, con diversidad de saberes especializados y principios bioéticos.
Relaciones médico-paciente en el marco de sistemas con énfasis en criterios racionales burocráticos.	Relaciones médico-paciente en el marco de sistemas con énfasis en criterios economicistas
Relaciones médico-paciente en el marco de consultas con más tiempos de duración.	Relaciones médico-paciente en el marco de consultas de duración breve basadas en el proceso de aceleración contemporáneo.

Mayor autonomía del médico.	Menor autonomía del médico como resultado de un mayor control sobre la práctica médica por el Estado, las organizaciones de pacientes, las instituciones supra-nacionales y el mercado, entre otros.
Menor poder del paciente.	Mayor poder del paciente como resultado del acceso a información, derechos, prácticas democráticas, mecanismos de organización colec-tiva de pacientes, desarrollo del control ético y legal de las prácticas médicas, entre otros. Este proceso gesta la posibilidad de cambio y resistencia a los dispositivos de control sobre el cuerpo de los usua-rios del sistema de salud.
	Internet. Google. eHealth.
Dificultad de acceso a información médica.	Facilidad de acceso a información médica.
Escasa búsqueda de información médica.	Búsqueda de información médica en sitios web y foros de consulta.
Escasa discusión con el médico.	Aumento de discusiones y decisio-nes negociadas con el médico.

Haciendo caminos en Comunicación y Salud

PAULA GABRIELA RODRÍGUEZ ZOYA, PATRICIA KARINA NATALIA
SCHWARZ Y MÓNICA PETRACCI

Solo podemos ver poco del futuro, pero lo suficiente
para darnos cuenta de que hay mucho por hacer
Alan Turing

Arribados a este momento en que concluye el recorrido propuesto por el libro, en lugar de asumir una mirada retrospectiva sobre lo que hemos hecho, nos interesa continuar pensando en dirección hacia el futuro. Darse a la tarea de problematizar los contornos, los pliegues y las formas características que asumen determinados fenómenos en la actualidad conlleva el profundo desafío de hundirse en el presente, explorarlo e interrogarlo como si fuese un territorio que en realidad no nos pertenece. Se suele decir que la distancia permite echar luz sobre los acontecimientos, ordenarlos y comprenderlos. En este mismo sentido, se cree que el hecho de ser contemporáneos de las propias prácticas de las que participamos y somos testigos, transitar los cambios y transformaciones que buscamos comprender y coexistir en las mismas circunstancias en las que pretendemos intervenir, constituye un obstáculo al entendimiento que empaña la visión y dificulta el juicio. Sin embargo, si así fuera buena parte de la ciencia y la política perdería sentido de ser.

Quienes participamos en la concepción y elaboración de este libro consideramos que la misma contemporaneidad constituye un prisma excelso por el cual interrogar los fenómenos y las problemáticas que configuran la sociedad de la que formamos parte. Pensar el campo de Comunicación y Salud en la Modernidad Tardía implica problematizar diversos aspectos de este dominio epistémico y práctico en las coordenadas de las sociedades contemporáneas. Esta tarea, desde ya, exige curiosidad, asombro, extrañeza, esfuerzo y compromiso con las realidades que habitamos. Más aun, si las problemáticas que sometemos a observación y discusión se refieren a la comunicación y a la salud, entrañan un carácter ineludible en tanto ambas constituyen dimensiones preeminentes de la vida de los individuos y las sociedades. La Comunicación y Salud nos interpela de modo inexcusable en virtud de dos razones: por un lado, en tanto atañe a cuestiones emergentes que transforman la coyuntura actual de nuestras propias prácticas y relaciones; y, por el otro, porque remite a urgencias vitales que demandan nuestra decisión y acción.

Los procesos sociales contemporáneos plantean desafíos en el plano comunicacional y en el plano de la salud que comprometen a diferentes actores sociales. Asimismo, esta dinámica involucra cuestiones de diversos órdenes como el de las matrices epistémicas, las relaciones sociales, las implicancias subjetivas, las prácticas académicas, los factores tecnológicos y las decisiones políticas, entre otros. El talante y la relevancia de las problemáticas que atraviesan el campo de Comunicación y Salud en general y reorganizan las relaciones entre médicos y pacientes en particular implican asumir el compromiso de profundizar la indagación y los diagnósticos. A la vez, si el empeño puesto en ello concluyera en una tarea descriptiva o diagnóstica, se vería reducido el potencial que entraña trabajar en torno a aspectos radicales de la vida como lo son la comunicación y la salud.

Precisamente, las lecturas diagnósticas constituyen un insumo y un estímulo para pasar de la problematización y el reconocimiento del modo en que acontecen y se organizan ciertos fenómenos y prácticas hacia la imaginación y la proyección de diversas vías a través de las que tales cuestiones podrían asumir otros modos posibles y deseables. Por todo esto queremos proponer e invitar a pensar algunos lineamientos para el desarrollo futuro del campo. Sin la pretensión de presentar un esquema acabado ni una agenda cerrada ponemos en consideración tres grandes núcleos que pueden resultar fructíferos para el trabajo en Comunicación y Salud.

En primer lugar, la consolidación de proyectos de investigación e intervención efectivamente interdisciplinarios que permitan cumplir con el triple propósito de contemplar la complejidad de los fenómenos abordados, lograr diagnósticos integrales y generar acciones concretas y significativas en las realidades en las que se busca intervenir. Para ello será necesaria la construcción de canales sistemáticos y constructivos de diálogo y el fortalecimiento de equipos multidisciplinarios de trabajo entre profesionales de la comunicación y la salud.

En segundo lugar, la problematización de las implicancias de la revolución tecnológica en las áreas de la comunicación y de la salud y, más particularmente, del rol de las nuevas tecnologías de información y comunicación en las prácticas en salud. En esta senda se inscribe una pléyade de acontecimientos, problemáticas y experiencias que ingresan al dominio de *eHealth* y comportan profundas transformaciones en el orden de la atención en salud, las relaciones entre médicos y pacientes y las configuraciones subjetivas de ambos actores, así como también plantean nuevos interrogantes en términos éticos y sobre las posibilidades de intervención y gestión de la vida misma.

En tercer lugar, el desarrollo de un necesario lineamiento pedagógico que incluya tanto la educación médica en comunicación como la educación comunicacional en salud. Esta articulación de saberes deviene crucial en la construcción de matrices epistémicas compartidas a partir de las cuales generar diálogos más fecundos y acciones más efectivas ante las diversas situaciones que demandan la participación de miradas especializadas. El desafío radica en que la parcialidad de puntos de vista, saberes y estrategias heterogéneos se reorganice de modo sinérgico en el todo que conforma el campo de Comunicación y Salud.

Bosquejar las sendas por las cuales avanzar implica un ejercicio de diseño, con todo lo que esto conlleva de imaginación y de construcción. El trabajo que procuramos y proponemos proseguir no puede entenderse solo en clave teórico-académica, sino que entraña una índole práctica, ética y política. Allí reside su potencial y su carácter insoslayable. Que la Comunicación y Salud sea un campo en construcción y en estado de ebullición en virtud de las dinámicas que le imprimen los procesos sociales contemporáneos permite concebirlo como un territorio modelable. Actuar en estas coordenadas supone concebir a la comunicación y salud como dimensiones centrales de la existencia y de nuestra realidad y, de modo simultáneo, como estrategias mediante las cuales hacer de estas mismas realidades un futuro posible. Este es, fundamentalmente, el trabajo colectivo que nos compete a todos.

Las autoras

Ana María Mendes Diz

Doctora y licenciada en Sociología por la Universidad Católica Argentina (UCA), Argentina. Investigadora del Consejo Nacional de Investigaciones Científica y Técnicas (CONICET) con sede en el Instituto de Investigaciones Gino Germani de la Universidad de Buenos Aires (UBA) hasta 2015. Profesora emérita y titular de la cátedra Sociología de la Salud, carrera de Medicina de la Universidad del Salvador. Autora de artículos en revistas científicas y capítulos de libros sobre problemáticas vinculadas a salud y satisfacción del paciente.
Email: anamendesdiz@gmail.com

Mónica Petracci

Doctora en Ciencias Sociales por la Universidad de Buenos Aires (UBA), Argentina. Investigadora del Instituto de Investigaciones Gino Germani y profesora titular en la carrera de Ciencias de la Comunicación, Facultad de Ciencias Sociales (UBA). Investigadora externa del Centro de Estudios de Estado y Sociedad (CEDES). Coordinadora del Grupo de Estudios sobre Comunicación y Salud (GECyS). Coordinadora del Área Comunicación y Salud de la Carrera de Ciencias de la Comunicación (UBA). Editora de la revista *Interface: Comunicação, Saúde, Educação*, UNESP, Facultade de Medicina de Botucatu, Brasil. Secretaria de Estudios Avanzados y subsecretaria de Investigación de la Facultad de Ciencias Sociales (UBA) en el período 2010-2014. Autora de artículos y capítulos de libros sobre comunicación y salud, y derechos sexuales y reproductivos. Libros

recientes: *Derechos sexuales y reproductivos. Teoría, política y espacio público* (Teseo, 2011); *Comunicación y Salud* (La Crujía, 2011, en coautoría con Silvio Waisbord); *La salud en la trama comunicacional contemporánea* (Prometeo, 2015).
Email: mpetracci@sociales.uba.ar
mnpetracci@gmail.com

Paula Gabriela Rodríguez Zoya
Doctora en Ciencias Sociales y licenciada en Ciencias de la Comunicación por la Universidad de Buenos Aires (UBA), Argentina. Investigadora del Consejo Nacional de Investigaciones Científicas y Técnicas (CONICET) con sede en el Instituto de Investigaciones Gino Germani (IIGG) de la Universidad de Buenos Aires (UBA). Miembro del Área Tecnología, Cultura y Política de la Carrera de Ciencias de la Comunicación (UBA) y del Grupo de Estudios Interdisciplinarios en Complejidad y Ciencias Sociales (GEICCS). Profesora de Filosofía en la Universidad Nacional de Tres de Febrero (UNTREF). Autora de artículos y capítulos de libro sobre comunicación y salud, pensamiento complejo, medicalización, biopolítica y gobiernos de la vida. Publicó: "Visualidades antiaging. La producción imaginal del control del envejecimiento y la conservación de la juventud" (Revista *Culturales*, vol. 3, N° 2, México, 2015).
Email: paula.rodriguezzoya@conicet.gov.ar
paula.rzoya@gmail.com

Victoria Inés María Sánchez Antelo
Doctora en Ciencias Sociales y licenciada en Sociología por la Universidad de Buenos Aires (UBA), Argentina. Máster europeo en Empleo y Política Social por la Universidad Autónoma de Barcelona (UAB), España. Becaria posdoctoral del Consejo Nacional de Investigaciones Científicas y Técnicas (CONICET) en el Instituto de Investigaciones Gino Germani (UBA) hasta mayo de 2017. Docente e

investigadora en la Universidad Nacional de Tres de Febrero (UNTREF), en la Facultad de Ciencias Sociales de la Universidad de Buenos Aires (UBA) y en la Facultad de Medicina de la Universidad del Salvador (UNSAL). Autora de artículos y capítulos de libros sobre uso de drogas y procesos de modernización en salud.
Email: vsanchezantelo@sociales.uba.ar

Patricia Karina Natalia Schwarz

Doctora en Ciencias Sociales, magíster en Investigación en Ciencias Sociales y licenciada en Sociología por la Universidad de Buenos Aires (UBA), Argentina. Investigadora del Consejo Nacional de Investigaciones Científicas y Técnicas (CONICET) con sede en el Instituto de Investigaciones Gino Germani (UBA) hasta enero de 2017. Actualmente es Investigadora del Instituto de Ciencias Humanas, Sociales y Ambientales (Centro Científico Tecnológico, CONICET Mendoza), del Centro de Estudios sobre Democratización y Derechos Humanos (CEDEHU) de la Universidad Nacional de San Martín (UNSAM) y del Instituto de Estudios de Género y Estudios de Mujeres (IDEGEM) de la Universidad Nacional de Cuyo. Jefa de trabajos prácticos en la carrera de Sociología (UBA). Autora de artículos y capítulos de libros sobre salud y género. Libros recientes: *Maternidades en verbo. Identidades, cuerpos, estrategias, negociaciones: mujeres heterosexuales y lesbianas frente a los desafíos de maternar* (Biblos, 2016).
Email: pschwarz@mendoza-conicet.gob.ar

Este libro se terminó de imprimir en noviembre de 2017 en Imprenta Dorrego (Dorrego 1102, CABA).